MOTORRAD ALPENBUCH

Die schönsten Motorradtouren im Alpenraum

Heinz E. Studt

BRUCKMANN

INHALTSVERZEICHNIS

Herrliche Kurvenhatz am frühen Morgen: Der Aufstieg zum Grödner Joch gehört zu den schönsten Strecken dieses Buches.

»Wieso wir die Berge erobern? Weil sie eben da sind.« Sir Edmund Hillarys Antwort auf die Frage nach dem »Warum«. Und es stimmt. Genau das macht ihren Reiz aus, ihre Faszination. Ganz besonders auch für Motorradfahrer, für uns Biker. Die Alpen sind eben da, sie liegen vor unseren Reifen, wollen entdeckt, erforscht, ja bezwungen werden. Motorradfahren in den Alpen bietet intensivsten Sinnesgenuss. Der Kurvenschwung kitzelt unseren Gleichgewichtssinn, die Spitzkehren fordern volle Konzentration, fordern Erfahrung und Beherrschung der Technik. Kein Pass ist wie der andere, Wiederholungen und damit Langeweile sind Fehlanzeige. Ganz oben angekommen berauscht uns dieses Glücksgefühl, es wieder einmal geschafft zu haben, belohnen grandiose Aussichten und weite Horizonte unseren Mut. Und die lieblichen Täler, die quicklebendigen Städte und ursprünglichen Dörfer bieten wohltuende Entspannung sowohl für den Körper als auch den Geist nach anstrengender Kurvenhatz. Hier ist der Motorradfahrer ein willkommener Gast.

Doch die Faszination der Alpen geht noch einen großen Schritt weiter. Schließlich ist keine andere Region Europas ein derart beliebter Biker-Treffpunkt wie die in diesem Buch versammelten Pässe. Auf Grimsel und Falzarego, auf Großem und Kleinem St. Bernhard, auf Galibier und Iseran treffen sich gleich gesinnte Motorradfahrer aller Herren Länder zu grenzenlosen Benzingesprächen, zu Erfahrungsaustausch und gegenseitigem Kennenlernen. Hier macht das schönste Hobby der Welt erst so richtig Spaß.

Deshalb dieses neue Motorradbuch über die Alpen. Hier finden sich die schönsten Touren dokumentiert in Wort und Bild, gewürzt mit den spannenden Geschichten eines echten Bikers und sorgfältig recherchierten Hintergrundinformationen eines zeitlebens neugierigen Genussreisenden. In diesem Sinne viel Spaß mit meinem Buch und linke Hand zum Gruß. Wir sehen uns ganz bestimmt auf Bernina und Albula, am Großglockner oder am Sellajoch...

Heinz E. Studt

Bild Seite 3: Aufstieg zum Grödner Joch: Die Alpen sind das beliebteste Bikerziel in Europa.

Linke Seite: Ein Highlight in den Alpen: Grindelwald mit der Nordwand des Eiger

Von Bergen und Seen

Von Deutschlands höchstgelegener Panoramastraße durchs liebliche Allgäu zum Schwäbischen Meer – die Deutsche Alpenstraße hat als Klassiker aller Ferienstraßen viel zu bieten.

TOUR 1 ALPENSTRASSE

Am alten Ludwig Ganghofer kommt auch heutzutage niemand vorbei. Wie einstmals an Kalle Rummenigge. Ersterer ist zwar schon lange tot, aber dennoch allgegenwärtig. Zumindest im Berchtesgadener Land, genauer gesagt am Königssee zu Füßen des Watzmann-Massivs. Denn seine Werke, Ganghofers Geschichten, haben die imposante, oftmals atemraubende Landschaft, haben das grandiose Alpenpanorama des südöstlichsten Zipfels unserer Republik über 34 Millionen verkaufte Male in alle Welt hinausgetragen.

Gibt es also für eine Geschichte über die »Deutsche Alpenstraße« von Berchtesgaden ans »schwäbische Meer« einen besseren Ausgangspunkt als eben jenen Königssee? Ich glaube kaum. Ganz in der Früh sind wir an diesem nebligen Herbstmorgen angereist. Zugegeben, von München aus keine erwähnenswerte Weltreise, aber heuer und für diese Jahreszeit überraschend frisch. Die Heizgriffe der Africa Twin liefen auf voller Leistung und jetzt gönnen wir uns erst einmal einen Aufwärmstopp direkt am See. Bevor die Busse mit den Touristen kommen. Fast eine Million Besucher zählt der Königssee Jahr für Jahr.

Sogleich hoch hinaus

»Lass uns doch aufs Ringfeld hochschauen.« Kirsten, meiner Gefährtin, juckt zwar nicht unbedingt die Gashand, aber auch sie vermutet deutlich wärmere Gefilde oberhalb der mächtigen, saukalten Inversion, in welcher der Königssee an diesem Morgen steckt. Und die ganzjährig befahrbare, mautpflichtige Rossfeld-Ringstraße führt immerhin hinauf auf 1600 Meter, ist damit Deutschlands höchste Panoramastraße inmitten der hochalpinen Bergwelt des Berchtesgadener Landes. Eine gute Idee – wir düsen los. Vier Euro kostet die Mopedmaut, eine Investition, die sich nicht nur an diesem Tag zweifelsohne lohnt. In herrlichen Rechts-Links-Kombinationen geht es bald schon über der Inversion durch die alpine Landschaft.

Zurück in Berchtesgaden geben wir der Honda die Zügel lang. Unser Thema »Deutsche Alpenstraße« ist in Form der B305 rasch lokalisiert und wir schwingen Richtung Bad Reichenhall und Ruhpolding. Bereits vor 4000 Jahren sollen in den fruchtbaren und wildreichen Landstrichen Jäger und Fischer gelebt haben. Im 12. Jh. folgte die Gründung eines Chorherrenstifts in Berchtesgaden. Das Kurfürstentum Salzburg, das Kaiserreich Österreich, natürlich Bayern und sogar Frankreich zählten im Laufe der Jahrhunderte zu den stolzen Besitzern des kleinen, aber interessanten Kirchenstaates Berchtesgaden. Interessant, weil reich an hochwertigen Salzvorkommen. Denn

Ein Geheimtipp für Genießer ist der Bikertreff am Oberen Sudelfeld.

nicht nur im Mittelalter galt: Wer über Salz verfügt, hat Einfluss und Macht. Bis heute wird die geförderte Sole, die salzhaltige Lake, in gewaltigen Stollenleitungen nach Bad Reichenhall gepumpt und dort zu all den bekannten Produkten verarbeitet, die nach wie vor einen wichtigen Wirtschaftsfaktor der Region darstellen. Ein Besucherbergwerk erzählt die spannende Geschichte des weißen Goldes.

Während bei Inzell die Alpenstraße nach Norden abzweigt, um ein Stück entlang der Autobahn A8 ihre Fortsetzung zu finden, beschließen wir einen ersten Abstecher zu unseren österreichischen Nachbarn. Erneut geht es gemütlich bergan. Reit im Winkl döst auf einem weiten Plateau im prallen Sonnenschein, während wir über Kössen, Walchsee und Niederndorf dem deutsch-österreichischen Grenzverlauf parallel versetzt im Süden folgen. Erst bei Oberaudorf biegen wir wieder auf die Alpenstraße ein. Durch eine herrliche Bergbauernlandschaft geht es hinauf zum Tatzelwurm, einem bekannten Ausflugslokal und Bikertreff.

So wie das Cafe Kotz am Sudelfeld. Beinahe alpinen Kurvenspaß könnte man hier haben, hätten nicht bayerische Behörden gerade das schönste Teilstück die Piste derart mit Bitumenflickerei verseucht, dass eine Geschwindigkeitsbeschränkung von 40 km/h notwendig wurde, um schlimmste Unfälle zu verhindern. Ein Skandal sondergleichen. Erst im Abstieg nach Bayrischzell bessert sich die Fahrbahn und entspannt schwingen wir hinunter zum Schliersee.

Auf dem Weg zum Tatzelwurm geht es durch prächtige Voralpenlandschaften.

Bild Seite 6/7: Roßfeld-Ringstraße bei Berchtesgaden

Ein kleiner Abstecher zum Plansee bei Oberammergau lohnt sich in der Tat.

Rechts: Kloster Ettal lockt Besucher aus aller Welt mit seiner sehenswerten Pracht.

Ein Biersee so groß wie der Schliersee ...

Immer den Zeilen dieses alten Gassenhauers folgend liegt zwanzig Kilometer entfernt von Tegernsees Gestaden und dennoch fast in einer anderen Welt der liebliche Schliersee als Pendant en miniature vor uns. Auch seine Uferstraße ist fest in der Hand des Gastgewerbes, natürlich zählt auch hier der Tourismus zu den wichtigsten Einnahmequellen, aber alles irgendwie eine Spur kleiner, ruhiger, ursprünglicher, natürlicher und herzlicher.

Trotz alldem darf natürlich auch Schliersees großer Bruder in einer Reportage über die »Deutsche Alpenstraße« keinesfalls fehlen. Wieder einmal der Gründung eines Benediktinerklosters im Jahre 746 ist es zu verdanken, dass die Geschichte des Tegernseer Tales so richtigen Schwung bekam. Der bayerische König Max I. übernahm das nach gut 1000 Jahren in der Säkularisation aufgelöste Kloster als herrschaftliche Sommerresidenz und lockte damit wahre Heerscharen des Adels aus ganz Deutschland in das prachtvolle Tal. Große Schriftsteller und Dichter, wie Ludwig Thoma und auch unser Ludwig Ganghofer aus den Anfängen dieser Geschichte, fühlten sich hier zu Hause, ließen sich von der einzigartigen Landschaft inspirieren. Ihnen und ihren Geschichten folgten die herrschaftlichen »Sommerfrischler« in Scharen und bald darauf ganzjährig der Tourist.

Über Gmund und Waakirchen folgen wir der Alpenstraße in die Heimat des berühmtesten bayerischen Bullen...Verzeihung...Polizisten – nach Bad Tölz. Dieses bayerisch-barocke Prunkstück am Isarstrand fasziniert immer wieder aufs Neue mit farbenprächtigen Fassadenmalereien und einer Vielzahl schmucker Bürgerhäuser in der sehenswerten Fußgängerzone, in der wir uns mit Freunden zu einem perfekten Tagesausklang verabredet haben.

Auf leisen Sohlen schleichen wir uns anderntags aus dem gastlichen Tölzer Heim hinaus in einen prachtvollen Morgen. Zarte Nebelbänke wabern über Feld und Flur, der zweite Tag auf der »Deutschen Alpenstraße« verspricht Fahrspaß pur inmitten eines herrlichen Herbsttages. Über Lenggries und den gewaltigen Sylvenstein-Trinkwasserspeicher dirigiere ich unsere Africa Twin auf zum Teil mautpflichtiger Strecke entlang des Isar-Flussbettes nach Westen.

AUF DEN SPUREN DES WEISSEN GOLDES

Geführte Rundgänge unter Tage durch die faszinierende Welt der Salzgewinnung bietet das Salzbergwerk Berchtesgaden. In traditioneller Bergmannstracht bringt eine originale Grubenbahn den Besucher tief ins Berginnere. Über Rutschen und durch dunkle Stollen geht es zum geheimnisvollen Salzsee, der mit einem Floß überquert werden muss. Ein Erlebnis für Alt und Jung – vielleicht mit Ausnahme von Klaustrophobikern, denn manche der Stollen sind sehr eng. Erkundigen Sie sich vorab bei den Bergwerklern. Infos unter www.salzbergwerk-berchtesgaden.de

Die Roßfeld-Ringstraße am Scheitelpunkt mit Blick auf den Hohen Göll

Über den Ammersattel geht es schwungvoll zum Plansee, einem kleinen Bikerparadies der Extraklasse.

Garmisch-Partenkirchen bietet uns nach all der landschaftlichen Einmaligkeit ein willkommenes Kontrastprogramm. Zu Füßen von Deutschlands höchstem Gipfel, der Zugspitze, hat sich der ehemalige Olympia-Ort im Laufe der Jahre ganz auf den Tourismus eingestellt. Im Winter lockt garantierte Schneesicherheit, im Sommer sind die Gipfel lohnende Ziele der Wanderer, Gleitschirm- und Drachenflieger.
Die Herbstsonne hat bereits den Zenit überschritten, als wir in Richtung Ettal Gas geben, denn abends haben wir noch eine königliche Verabredung. »Tal des Gesetzes«, »Tal der Ehe« oder »Tal des Gelöbnisses« – die immerhin 854 Ettaler wissen bis heute nicht genau, was ihr Ortsname nun zu bedeuten hat. Doch das scheint sie offensichtlich nicht zu stören, lebt es sich trotz dieser Ungewissheit prächtig im berühmten Wallfahrtsort. Die imposante Basilika, eines der bedeutendsten Klöster des Alpenraumes, fasziniert ganzjährig Besucher aus aller Welt, sehr zur Freude der die Kirche umzingelnden Holzschnitzereien, Andenkenläden und Geschäfte.

Das Herz des Königswinkels

Während die »Deutsche Alpenstraße« einen Schlenker nach Oberammergau und Richtung Norden macht, gönnen wir uns an diesem Nachmittag einen landschaftlichen Leckerbissen, der vor allem in den touristisch ruhigen Zeiten Frühling und Herbst, seinen ganz besonderen Reiz entfaltet – den Plansee. Am Ammersattel mit seinem spektakulären Felsdurchbruch begegnen uns sogar ein paar italienische Bikerkollegen, die es offensichtlich auf ihrer Saisonabschlusstour über die Alpen verschlagen hat. Die einsetzende Laubfärbung verzaubert den jetzt stillen Reiz der beliebten Bikerstrecke. Immer wieder stellen wir die Honda am Ufer ab und genießen die Ausblicke. Der erste Schnee hat die umliegenden Zweitausender bereits eingepudert, ja sogar in schattigen Lagen am Straßenrand zeugen ein paar weiße Tupfen davon, dass der Winter hier kürzlich ein erstes Zeichen gesetzt hat. Noch haben die wenigen Restaurants und Gasthöfe entlang des Sees ihre Sonnenterrassen geöffnet und warten auf Gäste.

Viel zu schnell endet die Piste um den See, ein schattiger Mischwald Richtung Reutte nimmt Mensch und Motorrad in sich auf. Es dunkelt bereits, als wir uns dem Herzen des bayerischen Königswinkels nähern, der imposanten Handelsstadt Füssen, unserem heutigen Etappenziel. Ein freies Zimmer in einem Gasthof am Rande der historischen Altstadt ist rasch gefunden und während sich unsere Honda wohlverdient ausruht, streifen wir noch ein wenig durch den mittelalterlichen Kern Füssens. Natürlich zu Fuß, denn der Stadtname geht auf das Wort »Fuzin« zurück, den mittelalterlichen Begriff für Füße. Das selbstredende Wappen der Stadt zeigt folgerichtig auch drei Stück von ihnen. Herrliche Illusions-Malereien begeistern uns auf dem Hohen Schloss, heute einer Außenstelle des Amtsgerichts. Rechtsprechen in derart historischem Ambiente – das hat schon was. Fasziniert streifen wir durch den frei zugänglichen Innenhof. Dann geht es zurück in die Altstadt, die neben den naheliegenden Königsschlössern einen der touristischen Anziehungspunkte der Region darstellt. Zahlreiche Geschäfte, etliche Andenkenläden, Kneipen, Cafes und auch Biergärten laden zum Bummeln und Verweilen ein. Und das nicht nur uns: Engländer, Japaner, Russen, Chinesen, Spanier und Franzosen bilden eine sehenswerte Melange aus den unterschiedlichsten Kulturen, die sich allesamt von den Schönheiten der Handelsstadt und ihres Königswinkels anstecken lassen. Dementsprechend multikulturell und vielsprachig geht es zu in der höchstgelegenen Stadt Bayerns.

Bevor wir uns aber den Hinterlassenschaften bayerischer Monarchien widmen, folgen wir noch dem Lech ein Stück zu Fuß gen Südwesten, um den legendären Lechfall zu bestaunen. Vor allem zur Schneeschmelze stürzen die Wasser mit beeindruckendem Rauschen in die Tiefe. Eine begehbare Brücke quert heutzutage den Wasserfall und bietet imposante Einblicke in die Kraft des steten Tropfens. Zumindest zwischen den zahlreichen Gischtwolken, die uns immer wieder einhüllen wollen. Vor mehr als 12.000 Jahren zogen sich zum Ende der Eiszeit gewaltige Gletscherzungen in die Alpen zurück und formten zahlreiche Seen, Flüsse und Moorgebiete, die dem Königswinkel seine so unverwechselbare Landschaft gaben. Unverwechselbar und multikulturell lassen wir unseren Tag mit einem Kneipenbummel in Füssens ausklingen.

Von Höhepunkt zu Höhepunkt

Das letzte Stück der Deutschen Alpenstraße steht auf unserem heutigen Roadbook, mitten durch das Herz des Allgäus geht es ans »Schwäbische Meer«, an den Bodensee.

Zweitausend Jahre hat das sehenswerte Städtchen Pfronten wenige Kilometer weiter bereits auf dem Buckel. Allerdings – man sieht es ihm kaum an. Entstanden am Grund eines eiszeitlichen Gletschersees ist die Geschichte der Landgemeinde geprägt von bäuerlich hartem Leben und einer günstigen Lage am Rande wichtiger Handelswege über den Reschenpass. So kam es, dass die Pfrontner Fuhrwerker ihre Waren sogar bis hinunter nach Venedig lieferten.

Bild Seite 14/15: Auf der Deutschen Alpenstraße im Königswinkel bei Füssen – Motorradfahren wird zum Hochgenuss.

DIE KÖNIGSSCHLÖSSER

Nur Wochen nach dem mysteriösen Tod König Ludwigs II. wurde Schloss Neuschwanstein für das zahlende Publikum geöffnet. Heute gehört es mit 1,4 Mio. Menschen zu den meistbesuchten Schlössern Europas. Aber auch Schloss Hohenschwangau, in dem Ludwig II. als Kind zahlreiche Sommer mit seinem Vater König Maximilian II. verbrachte, ist zweifelsohne eine Besichtigung wert. Denn hier wurde sicher der Grundstein für Ludwigs Phantasiewelten gelegt. Und wenige Kilometer östlich am Ammersattel liegt Schloss Linderhof, das ganz private Wohn- und Jagdschloss vom Märchenkönig. Infos unter www.neuschwanstein.de und www.schloesser.bayern.de

Schloss Neuschwanstein, das Lieblingsdomizil des Märchenkönigs

Apropos: Der Schwerlastverkehr Richtung Lindau beginnt uns allmählich zu nerven. So setze ich mit viel Zeit im Tankrucksack kurz vor Hindelang spontan den Blinker links in Richtung Oberjoch-Pass. Eine Reise entlang der Deutschen Alpenstraße, ohne den Oberjoch-Pass zu »bezwingen« und sodann einen Blick ins Tannheimer Tal zu werfen – das wäre ohnehin der pure Frevel. Wenn auch nur knapp über 1100 Meter hoch, bietet der Pass dennoch herrliche Rundumblicke auf die angrenzenden Allgäuer Alpen in ihrem bereits herbstlichen Kleid.

Kontrastprogramm in Sicht

Beinahe hätten wir uns in den landschaftlichen Schönheiten des angrenzenden Tannheimer Tales verfangen, doch ein Blick auf unser Roadbook zeigt die Richtung. Sonthofen und Immenstadt verschwinden sicherlich viel zu rasch in den Rückspiegeln der Honda, aber die Hügellandschaft des westlichen Allgäus lässt die Nähe des »schwäbischen Meeres« bereits erahnen. Und das macht mächtig Lust auf das Kontrastprogramm »Bodensee« – gewissermaßen als Entschädigung.

Schwitzpackungen, Trink- und Trockentage sowie eine fett- und eiweißfreie Diät – mit den anerkannten Therapien des Johannes Schroth aus dem 18. Jh. kennt man sich im beschaulichen Oberstaufen im Herzen des Allgäus wahrlich aus. Die zahlreichen Geschäfte, Restaurants und Andenkenläden im historischen Zentrum des einzigen Schroth-Kurortes Deutschlands haben sich dementsprechend auch auf betagtere Gäste als unsereiner eingerichtet. Nach einem Spaziergang mit leckerem Eiskaffee zirkle ich unser Bike um Busladungen an Rentnern herum hinaus in die freie Landschaft. Ganz in der Ferne und mit Hilfe eines kräftigen Föhnwindes fast zum Greifen nahe glitzert funkelt bereits das Schwäbische Meer, im Glanz der Herbstsonne. Über Scheidegg und Lindenberg gehen wir zum Endspurt ohne jede Eile über.

Und im historischen Kern der Inselstadt Lindau, in einem der zahlreichen Cafés direkt am alten Hafen mit seinem weit über den spiegelglatten See schauenden Löwen lassen wir spätnachmittags im herrlichen Sonnenschein unsere Tour Revue passieren. Hinab von Deutschlands höchster Panoramastraße durch das Herz des Voralpenlandes und das liebliche Allgäu ging es in drei viel zu kurzen Bikertagen an unser Ziel. Gerade diese wohlportionierte Mischung aus Bergen und Seen, aus Landschaft und Kultur, ist es, welche die Deutsche Alpenstraße nicht nur zur ältesten, sondern vielleicht auch zur schönsten aller deutschen Ferienstraßen macht.

DIE HISTORISCHE HAFENSTADT AM BODENSEE

Lindau, das prächtige Tor zum Bodensee, eignet sich ganz besonders auch als Ausgangspunkt zur Erkundung des »schwäbischen Meeres«. Bietet die Stadt doch ein herrliches Kontrastprogramm aus See und Bergen, aus Geschichte und Gegenwart. Und im Grunde lohnt der 572 qkm große Bodensee im Dreiländereck D-A-CH bereits eine separate 3- bis 5-tägige Motorradtour. Zum Beispiel als abschließende Ergänzung zur »Deutschen Alpenstraße« oder als erholsamer Zwischenstopp nach einer längeren Anreise. Infos unter www.lindau.de sowie www.bodensee.de

Linke Seite: Landschaft bei Oberstaufen – Abstecher würzen das Vergnügen auf der Deutschen Alpenstraße.

Ein Sundowner am Bodensee bleibt unvergesslich – die Bikerseele baumelt zum Klang der Wellen.

ALLGEMEINES

Sanitätsrat Dr. Knorz aus Prien am Chiemsee hatte 1927 die Idee, Boden- und Königssee mit einer durchgängigen Straße längs der Alpennordseite zu verbinden. Fünf Jahre vergingen, bis er den damaligen Deutschen Touring Club begeistern konnte. Und die Politik verlieh dem Projekt »überragende nationale Bedeutung« mit dem Effekt, dass die 260 Kilometer lange Hauptroute zügig gebaut wurde. 80 Jahre später ist das Projekt Deutsche Alpenstraße 450 Kilometer lang und verbindet zahlreiche Highlights vom »schwäbischen Meer« bis zu den Berchtesgadener Gipfeln.

KLIMA UND REISEZEIT

Die Deutsche Alpenstraße verläuft parallel zum nördlichen Alpenhauptkamm und lässt sich in zwei Klimabereiche gliedern: Die Berchtesgadener Region prägen kalte, schneereiche Winter, am Bodensee ist es ganzjährig deutlich milder. Wer die Deutsche Alpenstraße bereits Mitte März befährt, sollte am Bodensee beginnen. Mitte April steht um das »schwäbische Meer« der Frühling in voller Pracht und auch der östliche Teil der Deutschen Alpenstraße beginnt zu knospen. Während der bundesdeutschen Sommerferien sind Allgäu, Tölzer und Berchtesgadener Land beliebte Ausflugsziele.

SCHÖNSTE REISEZEIT

Zur Eröffnung der Saison über die Deutsche Alpenstraße zur Kirschblüte an den Bodensee zu biken ist ein unvergessliches Erlebnis. Der Herbst dagegen bietet farbenfrohe, stille Momente.

MOTORRADFAHREN

Während man zwischen Berchtesgaden und Reit im Winkl die Straßen oftmals für sich alleine hat, trifft man im weiteren Verlauf bis Oberaudorf vermehrt auf Last- und Berufsverkehr. Dann heißt es einfach: abtauchen in die umliegende Landschaft. Zwischen Oberaudorf und Füssen geht es vorwiegend über Landstraßen abseits des Verkehrs. Der westliche Abschnitt der Deutsche Alpenstraße wird als gut ausgebaute B308 vor allem auch vom Liefer- und Berufsverkehr aus dem nahen Österreich benutzt. Nicht verzagen und einfach erneut auf Nebenstrecken ausweichen.

LOHNENDE ABSTECHER

• Bei Berchtesgaden: Ein unbedingtes Muss ist die ganzjährig befahrbare Rossfeld-Ringstraße, Deutschlands höchste Panoramastraße mit grandiosen Ausblicken auf das Berchtesgadener Land. Sie kostet Maut: Drei Euro, die sich bei schönem Wetter sicher lohnen.

• Zwischen Achenpass und Garmisch-Partenkirchen: Mit einem Euro Maut ein bezahlbarer und lohnenswerter Abstecher hinein ins Rißtal (Sackgasse, siehe Tour 2).

• Bei Sonthofen: Abstecher gen Süden über die Dörfer Beilenberg, Altstätten, Hochweiler, Fischen, Untermühlegg, Sigiswang, Schweineberg und Sigishofen. Auf betonierten Single-Track-Roads geht es oberhalb Sonthofens dahin mit schönen Aussichten auf die Allgäuer Alpen.

• Bei Immenstadt: Gen Norden über die Dörfer Stiefenhofen, Ebratshofen, Weitnau und Missen nach Oberstaufen. Eine herrliche Motorradstrecke durch die idyllische Voralpenlandschaft des Allgäus.

ATTRAKTIONEN

Von den rauen Gipfelwelten im Osten über die lieblichen Hügel des Allgäus bis zu den fast unendlichen Weiten des Bodensees reicht die Palette der Attraktionen. Darin eingebettet liegen hübsche Dörfer und quirlige Städte, die sich im Laufe der Jahre dem Tourismus gewidmet haben und heutzutage alle erdenklichen Annehmlichkeiten bieten.

ESSEN UND TRINKEN

Die bayerische und schwäbische Küche ist deftig-bodenständig, kalorienreich und macht satt. Der Unterschied zeigt sich bei den Getränken. Während im Osten der Deutschen Alpenstraße das bayerische Bier die Pole-Position innehat, ist es im Schwäbischen der gute Tropfen Wein. Der passt auch besser zu leckeren Bodensee-Fischen, die man in Lindau unbedingt versuchen sollte.

ANREISE

Die Deutsche Alpenstraße verläuft in ihrer gesamten Länge im Grunde parallel zum Alpenkamm und ist im Osten via A8 München-Salzburg bzw. am anderen Ende über die A96 Richtung Lindau zu erreichen.

ÜBERNACHTEN

Am Bodensee und auch im Allgäu bieten sich herrlich gelegene Campingplätze an. Pensionen, Gasthöfe und Hotels jeglicher Preisklassen und Standards säumen die gesamte Strecke. Vorausbuchungen sind höchstens am Bodensee zu den Sommerferien empfehlenswert, ansonsten ist ein freies Zimmer auch ohne Voranmeldung zu finden. Einen gemütlichen Eindruck hinterlassen haben:

• **Alpenhotel Kronprinz**, in Berchtesgaden mit grandiosem Panorama auf Watzmann & Co. Anschrift: Am Brandholz, 83471 Berchtesgaden, Tel. 08652/60 70, www.alpenhotel-kronprinz.de

• **Hotel Hirsch** am Rand der Füssener Fußgängerzone.

Anschrift: Kaiser-Maximilian-Platz 7, 87629 Füssen, Tel. 08362/939 80, www.hotelhirsch.de

- **Gasthof Löwen** in der Fußgängerzone von Sonthofen. Anschrift: Hindelanger Str. 1, 87527 Sonthofen, Tel. 08321/24 90, www.loewen-sonthofen.de.
- **Lindauer Hof**, traumhaft im Herzen der historischen Insel gelegen. Anschrift: Seepromenade, 88131 Lindau. Tel. 08382/40 64, www.lindauer-hof.de

LITERATUR UND KARTEN

- Umfangreiches Infomaterial verschickt die Arbeitsgemeinschaft »Deutsche Alpenstraße« in Rottach-Egern (Adresse weiter unten).
- Straßenkarte »Alpenvorland«, Reise Know-how Verlag, Maßstab 1:250000.
- Detailliert und in Kombination mit Freizeit-Tipps: das Karten-Doppel »Westliche Bayerische Alpen« und »Östliche Bayerische Alpen«. Maßstab 1:100 000, Mairs Geographischer Verlag.

WICHTIGE ADRESSEN

- **Berchtesgadener Land Tourismus GmbH**, Bahnhofsplatz 4, 83471 Berchtesgaden, Tel. 08652/96 70, E-Mail: info@berchtesgadener-land.com, www.berchtesgadener-land.com
- **Prolindau Marketing GmbH & Co.KG**, Ludwigstr. 68, 88131 Lindau, Tel. 08382/26 00 30. E-Mail: info@prolindau.de, www.prolindau.de
- **Füssen Tourismus**, Kaiser-Maximilian-Platz 1, 87629 Füssen, Tel. 08362/938 50, E-Mail: tourismus@fuessen.de, www.fuessen.de
- **ARGE Deutsche Alpenstraße**, Mühlbachweg 6, 83700 Rottach-Egern, Tel: 08022/92 73 70. E-Mail: info@deutsche-alpenstrasse.de, www.deutsche-alpenstrasse.de

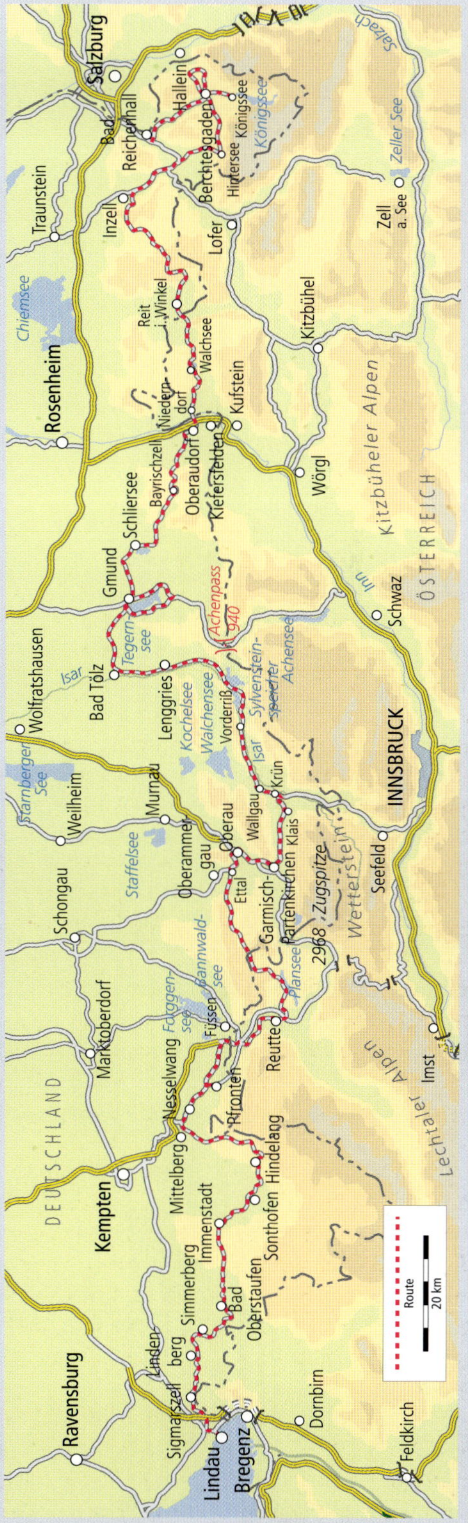

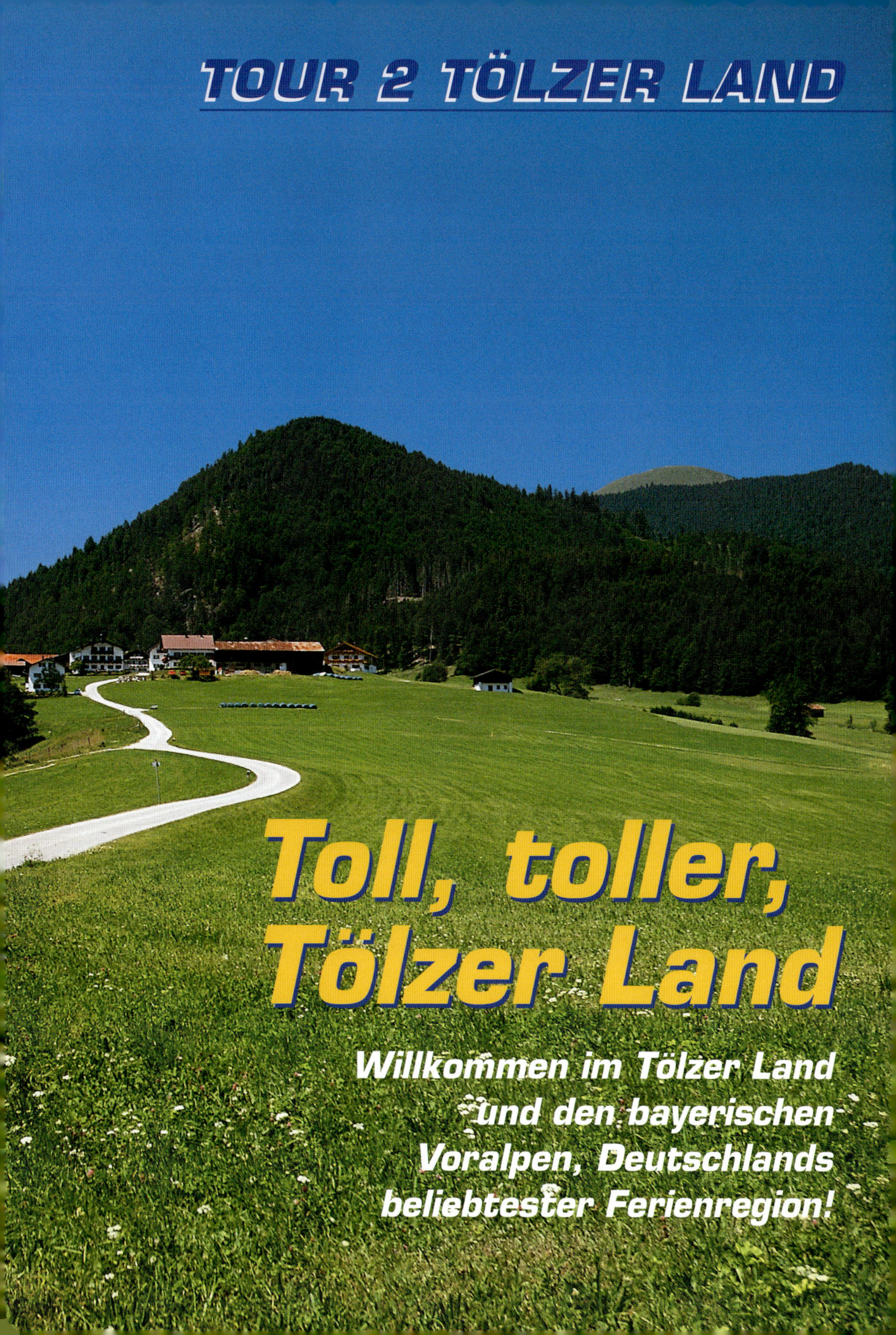

Toll, toller, Tölzer Land

Willkommen im Tölzer Land und den bayerischen Voralpen, Deutschlands beliebtester Ferienregion!

Eine Geschichte über die eigene Heimat zu schreiben, ist nicht leicht. Auch für einen berufsmäßigen Geschichtenerzähler nicht. Über ferne Länder und atemberaubende Abenteuer zu berichten, ist dagegen ein wahres Kinderspiel. Die Worte fließen nur so in die Tastatur, schneller als jedes Zehn-Finger-System sie verarbeiten könnte. Bei der eigenen Heimat ist das anders. Man starrt stundenlang auf einen weißen Bildschirm, ringt nach einem Anfang, beginnt zu schreiben, löscht die Worthülsen schließlich schneller als sie entstehen. Denn das Außergewöhnliche, das Begeisternde und Plakative liegt unter dicken Schichten der Gewohnheit begraben, muss erst einmal freigeschaufelt und ans Tageslicht befördert werden.

Badewannen-Feeling

Diese Geschichte über meine Wahlheimat, über das bayerische und Tölzer Voralpenland, begann vor ein paar Tagen damit, erst einmal alle Termine beiseite zu schieben, mich ganz frühmorgens auf meine Africa Twin zu schwingen und dieses mir so alltäglich gewordene Stück Heimat schlichtweg neu zu erfahren. In des Wortes reinster Bedeutung trieb ich die Honda mitten hinein in diesen prachtvollen Flecken Süddeutschlands, in das Herz Oberbayerns.

Sozusagen vor der Haustüre liegt die Badewanne Münchens, der Starnberger See, mit 57 qkm Fläche größter der fünf oberbayerischen Seen und bis zu geheimnisvolle 127m tief. Eine herrliche Uferstraße führt auf

Prachtvolles Tölzer Land: Auf kurvenreicher Piste geht's zum Engtal.

Tuchfühlung um ihn herum und bietet ganzjährig besinnlichen Fahrgenuss. Nun gut, an sonnigen Sommerwochenenden gleicht das Vorankommen auf ihr eher beschaulichem Spaziergängertempo, doch sozusagen als Entschädigung gibt es dafür viel zu entdecken. Ein schlichtes Holzkreuz schmückt bei Berg die Stelle im See, an der im Morgengrauen des 13. Juni 1886 die Leiche König Ludwig II., des einzigen Märchenkönigs Deutschlands, gefunden wurde. Merkwürdig, denn der nur 41 Jahre alt gewordene Monarch war zeitlebens ein guter Schwimmer. Rasch mundtot gemachte Zeugen berichteten damals von einer Schussverletzung in seinem Rücken. Ein bis heute ungelöster Mordfall. Trotz Münchner Derrick und Tölzer Bullen! Frische Blumen am Kreuz zeugen von der hier im Freistaat ungebrochenen Verehrung des Märchenkönigs.

Starnberg, die Nobeladresse direkt am nördlichen Rand der »Badewanne« erwacht ganz allmählich zu neuem Leben. Es ist Freitag, das Wochenende naht und damit Großkampftage für das Gastgewerbe im Ort und am See. Ich düse weiter entlang des Westufers gen Süden, hinaus in die erfrischende Andersartigkeit der Landschaft. Auch wenn sich hier die Grundstückspreise in astronomischen Höhen bewegen, die Lage direkt am See hat etwas. Tag für Tag, ja beinahe schon jede Stunde ändern sich die Stimmungen, das Licht produziert Millionen von Reflexen auf dem Wasser, ein leichter Dunstschleier kündet einen heißen Tag an.

Berühmte Gäste

Bis in die Steinzeit reichen die Wurzeln des einstmaligen Fischerdorfes Tutzing zurück. »Tutzing ist weit schöner als wir uns vorstellen können...man sieht sich nicht satt«, schwärmte sogar Johannes Brahms, der 1873 einen Sommer hier verbrachte und einige Streichquartette und Lieder schrieb. Unweit des Ortes gen Norden liegt das Schloss Possenhofen, in dem Elisabeth, die spätere Kaiserin von Österreich, das Licht der Welt erblickte. »Sissi« war die wohl einzige Seelenverwandte König Ludwigs, war seine große und tragischerweise unerfüllte Liebe. Schwungvoll düse ich nach Seeshaupt. Dort ganz am Südzipfel des Sees öffnet gerade eine Backstube und ich fülle den Tankrucksack mit noch warmen Brezeln, während unten am Dampfersteg bereits die weißblaue Flotte ihr Horn zur ersten Rundfahrt dieses Tages bläst.

Der Walchensee ist randvoll mit frischer Energie – nicht nur für Bikerseelen.

Über Iffeldorf geht es vorbei an den Osterseen, geologischen Toteiskesseln – welch ein Ausdruck für diese landschaftliche Pracht! – mit mehr als zwanzig einzelnen Gewässern

DIE SPIELBANK IN BAD WIESSEE

Obligatorische Krawatten und Sakkos gibt es zumindest für die Herren an der Kasse der 1957 in einem kleinen Café eröffneten Bad Wiesseer Spielbank. Inzwischen ist diese Attraktion des Kurortes in größerem, modern-rustikalem Ambiente am Ufer des Tegernsees etabliert und zieht Jahr für Jahr Glücksritter aus aller Welt in seine Hallen. Äußerst sehens- und erlebenswert mit einer dichten Atmosphäre aus Gegensätzen, aus Glück und Verzweiflung, Gewinn und Verlust, aus Diamant und Strass. Und den Gewinn kann man anderntags sogleich in Tankfüllungen besten Edelsprits für ausgiebige Touren im Tölzer Land investieren. Infos unter www.spielbanken-bayern.de/wDeutsch/wiessee.

Bild Seite 20/21: Am Ende der Jachenau bei Lenggries

Genuss der geruhsamen Art: Gut behütetes Pausenplätzchen im Tölzer Land.

und naturgeschützten Mooren rechts und links des Lenkers. Ein beliebtes Wander- und Erholungsgebiet für diejenigen, denen der Badewannen-Rummel zu viel wird.

Gemütlich schwinge ich kreuz und quer durch das Land der Zwiebeltürme. Beuerberg hat gleich zwei davon – man gönnt sich ja sonst nichts. Viel ist nicht bekannt über die Entstehung dieser so originellen Dachform. Soll sie an eine brennende Kerze erinnern oder aber dem Klang der Glocken ein besonderes Volumen geben? Rein weltlich orientierte Stimmen behaupten, diese spezielle Form bewirke einfach nur, dass der Schnee besser abgleiten könne und so keinen allzu großen Druck auf die Turmspitze erzeuge. Aber diese These ist eigentlich viel zu nüchtern für unsere Geschichte.

Und noch ein Ausdruck alter Traditionen mag jeden Besucher begeistern – die prachtvollen Maibäume. Allerorten werden sie um diese Zeit wieder frisch herausgeputzt oder sogar erneuert, vor allem aber gut bewacht. Denn Maibaum-Klau ist nicht nur ein traditionell äußerst beliebter Sport, es geht um viel mehr: um die Ehre. Schande, Hohn und Gelächter über jenes Dorf, das sich seinen Maibaum stibitzen lässt.

AMMERSEE UND HEILIGENSCHEIN

Pflegt der Starnberger See eher seinen »königlichen« Charakter, so findet das Leben am kleinen Bruder Ammersee eine deutliche Spur gemütlicher statt. Auch hier folgt eine herrliche Uferstraße den Konturen des »Bauernsees«, wie er im Volksmund oft bezeichnet wird. Auch hier bieten die zahlreichen Orte gastronomische Genüsse aller Geschmacksrichtungen in Kombination mit oft echtem Seeblick, aber eben eine Spur normaler und echter. Infos: www.ammerseeregion.de. Und zwischen den beiden liegt malerisch inmitten einer Postkarten-Idylle Kloster Andechs, weltberühmtes Beispiel Jahrhunderte alter klösterlicher Brau- und Biergarten-Tradition. Das von Benediktinern nach alten Rezepturen in Kombination mit heutzutage sehr weltlich-marktwirtschaftlichen Gesichtspunkten gebraute Andechser-Bier wird zwar in alle Welt exportiert, schmeckt frisch gezapft im eigenen Klostergarten aber am besten. Und den garantiert biologisch unbedenklichen Heiligenschein zum Gerstensaft gibt's auch nur hier. Infos unter www.andechs.de

Tradition und Moderne

Flussaufwärts entlang der Loisach dirigiere ich meine Reise-Enduro über Penzberg und die imposante Abtei Benediktbeuren zum so genannten Energieförderprojekt Kochel-Walchensee, dem ersten deutschen Hochdruckspeicherwerk. 200 Höhenmeter schießt das Wasser des Walchensees durch meterdicke Röhren bergab, bringt mit seinem Schwung gewaltige Turbinen zum Rotieren und produziert so jährlich 320 Millionen Kilowattstunden. Und während der Kochelsee im Schlagschatten des Herzogstandes noch auf ein paar nachmittägliche Sonnenstrahlen wartet, kurve ich die berühmte Kesselbergstraße hinauf. Das ist leider nur Montag bis Freitag erlaubt, an Wochenenden und Feiertagen herrscht speziell für Biker einseitige und vor allem unsinnige Streckensperrung.

Zuverlässig wie so oft pfeift auch an diesem Nachmittag der Wind über den Walchensee, sehr zur Freude zahlreicher Surfer und Segler. Über all der frühsommerlichen Pracht thront der Herzogstand als beliebtes Wanderziel. Eine Mautstrecke führt am Südufer des Sees entlang in die Jachenau. Herrliche Aussichten auf die Gipfel des Estergebirges würzen den Kurvenspaß auf ordentlicher Piste. Kleine, aus bäuerlichen Ansiedlungen entstandene Ortschaften dösen rechts und links des Lenkers im strahlenden Glanz eines prächtigen Bikertages. Zahlreiche Gasthöfe und Biergärten haben geöffnet, locken zur entspannenden Pause mit ihren bayrisch-deftigen Genüssen.

Am Rande des breiten Kiesbettes der Isar geht es über Lenggries nach Bad Tölz. Solides Handwerk, die Flößerei und eine wirtschaftlich äußerst günstige Lage am Schnittpunkt von Isar und Salzstraße begründeten den bereits im 14. Jh. einsetzenden Aufschwung der Stadt. Bis nach Wien und Budapest schwammen damals die – natürlich aus bayerischem Holz gebauten – Tölzer Flöße mit ihren Waren. Bunt, barock und in sich stimmig präsentiert

Unterwegs im Zwiebelturmland – der Kirchturm von Waakirchen prägt die gesamte Region.

Maibaum-Tradition im Tölzer Voralpenland: Wehe dem, der sich den Baum stibitzen lässt…

Bayerischer Grenzstein am Sylvenstein: Ab hier ticken die Uhren noch ein wenig anders.

sich die seit über 700 Jahren Marktrechte besitzende Kurstadt ihrem heutigen Besucher. Prächtige Bürgerhäuser mit fantasievollen Fassadenmalereien schmücken die Fußgängerzone, deren einladende Eiscafés und lauschige Biergärten auch mich meistens erfolgreich zum Verweilen überreden. Viel zu schnell vergeht der Tag.

Streitpunkt

Heftig streiten mag man sich darüber, ob der Irschenberg nun noch zum Tölzer Voralpenland gehört oder bereits Teil des Chiemgaus sei. Eines aber ist sicher: Er muss auf jeden Fall in diese Geschichte. Denn der Irschenberg ist ein Paradebeispiel dafür, welchen Scheuklappen-Effekt doch unsere schnelllebige Zeit besitzt. Kaum Zeit für einen ausgiebigen Blick zur Seite hetzen wir Jahr für Jahr über die A8 München-Salzburg, vergessen vor lauter Vorwärtsdrang, einfach einmal anzuhalten und den Blick schweifen zu lassen. Dabei ist allein schon die Aussicht vom Autobahn-Parkplatz Richtung Westen purer Genuss zu jeder Jahreszeit.

Ganz früh am anderen Morgen setze ich rechtzeitig und ganz bewusst den Blinker rechts und beginne an der Ausfahrt »Irschenberg« meine zweite Tour durch das Voralpenland. Mit viel Zeit im Tankrucksack und meiner besten Sozia im Rücken nehme ich erst einmal die kleine Kirche am Irschenberg ins Visier. Sattgelb steigt derweil die Sonne über dem Chiemsee in einen strahlend blauen Himmel. Auf kleinsten Straßen räubern wir durch die bäuerlich geprägte Landschaft. Hier verzieren

Die Ritter des Historischen Miesbacher Markttreibens rüsten sich zum Kampf ums Frühstück.

nicht nur metallene Hähne die Kirchturmspitzen – na ja, zumindest die der deutlich unterrepräsentierten evangelischen Gotteshäuser – hier verzieren auch echte, lebendige, prachtvoll bunte Hähne noch jeden obligatorischen Misthaufen, fungieren als allmorgendlicher Wecker. Zuverlässig und präzise wie die Cäsium-Zeitbasis der Physikalisch-Technischen Bundesanstalt in Braunschweig. In Miesbach rüsten sich derweil mittelalterliche Recken zum ersten Gefecht. Traditionen zu bewahren

heißt auch, sie lebendig zu präsentieren. Im »Historischen Markttreiben« der Stadt kann man sich alljährlich gefahrlos auf Zeitreise begeben. Auf die Reise in eine Welt, in der das Frühstück noch mit Pfeil und Bogen an Stelle des Euro zu beschaffen war und echte Männer ihren Burgfräuleins den Turmzimmerschlüssel, nicht die Handy-Nummer zu entlocken versuchten. Dazu gibt es mittelalterliche Schmankerl kulinarischer Art, heutzutage natürlich lebensmittelrechtlich unbedenklich.

Im Herzen von Zwiebelturmland

Schliersee und Tegernsee streiten im Süden Miesbachs um die Gunst unseres Augenblicks. Die Deutsche Alpenstraße, Deutschlands schönste und älteste Ferienstraße führt hier entlang – aber das ist eine andere Geschichte aus diesem Buch. Wir schwingen stattdessen ein wenig über die Dörfer zwischen Miesbach, Weyarn und Tölz. Bernloh, Rain, Allerheiligen, Warngau, Piesenkam, Waakirchen – ganz tief tauchen wir ein in diese irgendwie nicht nur

Ob Tölzer Land oder Chiemgau: Der Irschenberg gehört in jede Zwiebelturm-Tour.

Hier ist gut leben – nicht nur für Vierbeiner: traute Zweisamkeit am Großen Ahornboden

optisch heile Welt. Auf meinen Touren über Land fasziniert mich immer wieder der Gedanke, eines Tages der Großstadt den Rücken zu kehren und irgendwo hier in dieser Idylle ohne Überholspur und Vmax das vielleicht wahre Leben zu entdecken. Gar prächtig haben sich die Bauernhäuser herausgeputzt, bereit für einen prallen Sommer im Zwiebelturmland.

Über das Westufer des Tegernsees geht es nachmittags weiter nach Süden. Während sich am Wallberg bunte Horden von Gleitschirmfliegern in die bereits thermische Tiefe stürzen, freuen wir uns auf echt hausgemachte Passfreuden. Mit 941 Metern ist er zwar kaum vergleichbar mit seinen großen Alpenbrüdern, aber der Achenpass bietet durchaus fahrerische Reize inmitten einer herrlichen Alpenwelt. Und sieben Kilometer weiter findet sich auf österreichischer Seite am Achensee eine willkommene Gelegenheit, das Fass der Africa Twin mit steuergünstigem Edelsprit der Nachbarn randvoll zu füllen. Apropos randvoll: Zurück geht es in Richtung Sylvenstein-Speicher. In kalten Wintern ein beliebtes naturgegebenes Schlittschuhparadies, dient der gewaltige Trinkwassersee nicht nur der Pegelregulierung der Isar, sondern versorgt auch das umliegende Alpenvorland mit bestem bayerischen Quellwasser.

Gar überirdisch still reflektiert an diesem Tag das leckere Nass die strahlende Sonne. Und ganz am Westzipfel des Sylvensteins liegt eine der wahrlich schönsten alpenländischen Sackgassen, die ich kenne: Die Mautstrecke durch das Engtal zum Großen Ahornboden. 25 Kilometer absolutes Muss einer jeden Tour durch das Tölzer Land, von Frühling bis in den Herbst das landschaftliche Highlight vor allem auch für uns Motorradfahrer. 500 Jahre alte Ahornbäume entfalten auf dem sich weitenden Talschluss vor allem im Frühling und Herbst eine einzigartige Farbenpracht, garniert mit den 2600m hoch aufragenden Felswänden des Karwendels.

Dort wo die Piste endet, wartet der Alpengasthof Eng von Mai bis in den November als beliebter Bikertreff gerade auch auf uns. Einträchtig vereint tauschen Mountainbiker und Motorradfahrer Neuigkeiten in Benzin- beziehungsweise Geröllgesprächen. Wer Lust hat und Bewegungsdrang verspürt, schnürt ganz einfach seine Wanderstiefel. Zahlreiche Wege führen von hier aus in die herrliche Welt des Karwendels.

Und wenn wie an unserem Tag ein zünftig weißblauer Himmel das grandiose Alpenpanorama nach oben hin abrundet, dann öffnet sich des Bikers Seele ganz weit, inhaliert die Pracht des Augenblicks in porentiefen Lungenzügen, legt unvergessliche Sinneseindrücke im Langzeitspeicher des Gehirnes ab. Und irgendwann in gar nicht ferner Zukunft bleib ich dann einfach hier …

FLOSSFAHRT NACH MÜNCHEN

Ebenfalls einer alten Tradition entspringt die Floß-Schifffahrt auf Loisach und Isar in Richtung München. Bereits im 12. Jh. wurden Waren aller Art auf den damals noch unberechenbaren, weil ungezähmten, Flüssen transportiert. Heutzutage ist es eine bei Jung und Alt beliebte sommerliche Gaudi mit zünftiger Blasmusik und bayerisch-deftigen Genüssen. Jährlich vom 1. Mai bis zur traditionellen »Eisfahrt« Mitte September heißt es auf den stabilen und sicheren Flößen »O'zapft is und los geht's«. Erfahrene Flößer, die ihre Kunst oftmals noch von den Vätern lernten, schippern Pärchen, Gruppen, Betriebsausflüge, Bikerclubs und Kegelbrüder mit sicherer Hand flussabwärts. Auch wenn einmal eine Welle sauberen Isarwassers über die Baumstämme schwappt, eine Gefahr für Leib und Leben besteht heutzutage nicht mehr. Dafür haben die Flößer die rutschige Fuhre viel zu gut im Griff. Keine Bange! An der berühmten Floßlende in München angekommen, werden die Gäste in Bussen zu ihren Ausgangspunkten zurückgebracht. Ein unvergessliches Erlebnis. Gruppen- und organisierte Fahrten sollten mindestens ein Jahr im Voraus gebucht werden. Infos z.B. unter www.flossfahrt.de

Prachtvoll, barock und bunt: Die Kurstadt Bad Tölz präsentiert sich als Gesamtkunstwerk.

ALLGEMEINES

Das Herz Oberbayerns schlägt im prachtvollen Tölzer Land. Tradition und Moderne, Vergangenheit und Gegenwart verschmelzen hier mit einer Landschaft, die auf Schritt und Tritt einer Postkarten-Idylle gleicht. Die Seen sind ganzjährig beliebtes Ausflugsziel, die Berge bieten unbeschwerten Wandergenuss, die Dörfer zeigen sich dem stets willkommenen Gast prachtvoll herausgeputzt. Im Tölzer Land wird es auch Bikern leicht gemacht, sich auf Anhieb wohl zu fühlen.

KLIMA UND REISEZEIT

Die Lage am Nordrand der Alpen prägt das Klima. Von Dezember bis Februar stehen die Chancen, auf eine tief verschneite Winterlandschaft gut. Bereits ab März bläst dann jedoch der kräftige Föhnwind die Straßen frei und bereitet so das Bikerparadies auf die nächste Saison vor. Frühling und Sommer sind geprägt durch stabile und warme Hochdrucklagen. Der Herbst beginnt Mitte Oktober, ist richtig golden und wird Ende November vom Winter abgelöst.

SCHÖNSTE REISEZEIT...

ist der Frühling. Alles blüht, alles strömt aus dem Haus und das gesamte Land überzieht eine unbändige Lust zu feiern, fröhlich zu sein, Nachbars Maibäume zu stibitzen und endlich die Biergarten-Saison zu eröffnen.

MOTORRADFAHREN

Das Tölzer Land ist eine Landschaft für den Genießer, den Entdecker in uns. Das überaus gut ausgebaute Straßennetz lässt kaum Wünsche offen. Die perfekten Kombinationen aus Vmax, Kurvenhatz und Sightseeing sind rasch gefunden.

ATTRAKTIONEN

Die Kombination aus den historischen Städten, den Seen und der hügeligen Weite der Voralpen ist die Hauptattraktion des Tölzer Landes. Hinzu kommen echte Traditionen, wie das Maibaum-Aufstellen zum 1. Mai, Kirchweihtage, Leonardiritte, Historienfeste und Open-Air-Festivals. Im Tölzer Land kommt zu keiner Zeit Langeweile auf.

ESSEN UND TRINKEN

Deftig-bayerisch ist die Küche des Tölzer Landes. Gasthöfe und Biergärten gibt es zuhauf, ganz besonders zu empfehlen sind jene mit eigener Schlachtung und/oder eigener Brauerei. Als unwiderlegbarer Beweis bayerischer Weltoffenheit haben sich aber auch der »Italiener oder Chinese um die Ecke« etabliert und bieten für jeden Geschmack das Richtige. Den besten bayerischen Schweinsbraten und die beste Leberknödelsuppe gibt es wohl im Gasthof Metzgerei Doll in Endlhausen, direkt in der Ortsmitte bei der Kirche. Genau das Richtige nach einem kurvenreichen Bikertag. Apropos Genuss: Das bayerische Reinheitsgebot (übrigens die älteste lebensmittelrechtliche Vorschrift der Welt, erlassen 1516 von Herzog Wilhelm IV.) sorgt dafür, dass das bayerische Bier zu den besten Gerstensäften der Welt zählt. Denn der Herzog verordnete unter Strafandrohung wie Enteignung und Gefängnis, dass »...forthin allenthalben in unseren Städten, Märkten und auf dem Lande zu keinem Bier mehr Stücke als allein Gerste, Hopfen und Wasser verwendet und gebraucht werden dürfen.«

ÜBERNACHTEN

Nahezu jeder Gasthof im Tölzer Land bietet Fremdenzimmer unterschiedlicher Standards an. Am Starnberger und Tegernsee gibt's zudem Hotels von internationalem Standard. Die Fremdenverkehrsämter vermitteln Zimmer in Pensionen und auf Bauernhöfen mit Familienanschluss. Reservierungen sind höchstens in der Hauptreisezeit nötig. Besonders zu empfehlen sind:

- **Jugendstilhotel Kolbergarten** am Fuße des Kalvarienberges in Bad Tölz. Anschrift: Fröhlichgasse 5, 83646 Bad Tölz, Tel. 08041/789 20, E-Mail: kolbergartenbadtoelz@t-online.de, www.hotel-kolbergarten.de
- **Hotel Bastenhaus** in Tegernsee mit herrlichem Seeblick. Anschrift: Hauptstr. 71, 83684 Tegernsee, Tel. 08022/914 70, E-Mail: info@hotel-bastenhaus.de www.hotel-bastenhaus.de

ANREISE

Das Tölzer Voralpenland liegt im Dreieck München – Garmisch-Partenkirchen – Rosenheim und ist über die A 8 München-Salzburg und die A 95 München – Garmisch-Partenkirchen zu erreichen.

LITERATUR UND KARTEN

- Der HB Bildatlas »Oberbayern zwischen Lech und Inn« beschreibt die Region in Bildern und Worten und gibt zahlreiche interessante Ausflugstipps. HB-Verlagsgesellschaft,
- Freunde prächtiger Fotografien sollten sich auch den Bayernland-Bildband »Im Landkreis Bad Tölz – Wolfratshausen« von Martin und Brigitta Siepmann näher anschauen. Bayernland Verlag.
- Als Straßenkarte eignet sich aufgrund ihres Detailreichtums die MTB-Tourenkarte »Tölzer Land an Isar und Loisach« im Maßstab 1:50 000, teilweise mit ausgewiesenen Straßennamen. Bielefelder Verlagsanstalt.

WICHTIGE ADRESSEN

- **Tourist Information Bad Tölz**, Max-Höfler-Platz 1, 83646 Bad Tölz, Tel. 08041/786 70, Fax 78 67 56, E-Mail: info@bad-toelz.de, www.bad-toelz.de
- **Tourismusverband Starnberger Fünf-Seen-Land**, Wittelsbacherstr. 2c, 82319 Starnberg, Tel. 08151/906 00, Fax 90 60 90, E-Mail: info@sta5.de, www.sta5.de
- **Tourismusverband München Oberbayern e.V.** Radolfzeller Str. 15, 81243 München Tel. 089/8 29 21 8 0 E-Mail: touristinfo@oberbayern.de www.oberbayern.de

Im Herzen von Töffland

TOUR 3 BERNER OBERLAND

Das Berner Oberland im Herzen der Schweiz bietet eine perfekte Mixtur aus Gipfelglück und überschaubarer Weite, aus erlebter Vmax und Kurvenschwung.

Ich gebe es offen zu. Gleich hier zu Beginn dieser Geschichte und um keinerlei Missverständnisse aufkommen zu lassen. So richtig neutral bin ich nicht. Ganz im Gegensatz zu den echten Schweizern. Die sind ja sozusagen personifizierte Neutralität. Ich hingegen eigne mich als objektiver, Abstand wahrender Berichterstatter in diesem ganz speziellen Fall nur begrenzt. Denn ich liebe dieses Bergvölkchen und seine friedlich-bedächtige Lebensart.

Zu Bikers Töfftreff…

Es ist Sonntagmorgen im Sommer. Gestern hatten wir unsere sieben Sachen in einem gemütlichen Selbstversorger-Appartment in Spiez hoch über dem Thunersee verstaut, um uns eine Woche lang im Berner Oberland ausgiebig umzuschauen. Heute gilt es, die ersten Eindrücke von Land und Leuten zu sammeln. Und wo trifft sich der Berner Biker oder – wie die Schweizer sagen wo trifft sich der Töfffahrer mit wahrlich drei »f« unter 1a klimatischen Bedingungen? Natürlich auf dem Grimselpass. Und der ist somit auch für uns ein unbedingtes Muss an diesem Tag. Ganz früh schwingen wir uns in die Polster unserer gepäckbefreiten BMW R 1150 RT.

Noch hängen die Reste eines heftigen, abendlichen Sommergewitters in den umliegenden Gipfeln, doch die Sonne schweißt sich von Osten her eine breite Schneise durch den wolkenverhangenen Himmel. Gemütlich treibe ich den brabbelnden Boxer durch das noch dösende Interlaken. Früher kurte hier der internationale Jetset. Heutzutage teilen sich Japaner, Inder und Europäer eine von McFast-Food, Mode- und Andenkenläden geprägte Hauptstraße, die den nur in Details noch zu erahnenden Glanz ihrer Gründerjahre irgendwo auf dem langen Weg ins Heute ad acta gelegt hat.

Touren im Angesicht der Eiger Nordwand – Grindelwalds Charme begeistert jeden Besucher.

Links: 600 Jahre Herbergsgeschichte schreibt das altehrwürdige Grimselhospiz.

Rechts: Aufstieg zu Biker's Töfftreff – der Grimselpass mit seinen 1001 Kurven

Gleich hinter den letzten Häusern öffnet sich die Landschaft zum Brienzer See. Umrahmt von Zwei- und Dreitausendern windet sich die Uferstraße oberhalb des kräuselnden Wassers entlang. In Brienz selbst, dem Hauptort des Sees, erwacht allmählich das Leben. Cafés und Restaurants laden zum Verweilen ein, das Fährschiff sammelt die ersten Fahrgäste auf. Auf gut ausgebauter Strecke fliegen wir anschließend durch das Haslital in Richtung Grimselpass. Augenscheinlich aber wohl viel zu langsam für echte Schweizer Töfffahrer. Nahezu pausenlos werden wir von knallbunten Rennsemmeln überrundet. Bald darauf wissen wir auch warum. Oben auf dem Pass geht nämlich bereits der Punk ab. Das Restaurant ist fest in der Hand der Lederfraktionen aus Bern und dem südlich angrenzenden Wallis, die Augen des Wirts leuchten angesichts eines nicht endenden Zweiradstromes aus beiden Himmelsrichtungen. Die in einem Freiluftstall zur Schau gestellten Murmeltierfamilien kommen vor lauter Schauen gar nicht zum Futtern. Ähnlich ergeht es uns, als wir endlich zwei Plätze auf der proppenvollen Sonnenterrasse ergattert haben. Rasch kommen wir ins Gespräch mit Bikerkollegen aus Bern. Unbemerkt fliegt die Zeit nur so dahin.

Bereits 1397 stand unterhalb des Grimselpasses ein Hospiz, eine Unterkunft für Säumer, Viehhirten und Wanderer. Fast 500 Jahre existierte es in einzigartiger Lage irgendwie so vor sich hin, bis Mitte des 19. Jh. ein gewisser Peter Zybach das Anwesen übernahm und es zu einem der besten Hotels der Schweiz ausbaute. Allerdings nur kurze Zeit, denn 1852 wurde sein Pachtvertrag im Hinblick auf den beginnenden Kraftwerksbau nicht mehr verlängert. Stinkesauer soll er sein Haus angezündet haben, wurde der Brandstiftung überführt und verurteilt. Heutzutage beherbergt das restaurierte und imposante Grimsel-Hospiz erneut ein Hotel mit berühmtem Weinkeller und ist nicht nur an heißen Sommertagen ein beliebter Bikertreff abseits des Auspuffdröhnens auf der Passhöhe. Die Abendsonne vergoldet bereits die Berge, als wir uns mit einem leckeren Cappuccino für den Heimweg stärken.

Hochalpiner Respekt

Die Eiger-Nordwand – nicht nur Bergsteigern jagt sie so manchen Schauer über den Rücken. Auch wir stehen anderntags mit Ehrfurcht vor der gewaltigen Felskulisse oberhalb Grindelwalds. Dessen hauseigene Gletscher haben in diesem heißen Sommer derart dramatisch an Substanz verloren, dass sich die Schwarze Lütschine, der Gebirgsfluss des Grindelwalder Tales, selbst jetzt im Spätsommer randvoll in seinem breiten Bett hinunter zum Thunersee

Bild Seite 32/33: Aufstieg ins Kiental im Herzen des Berner Oberlandes

Auch künstlerisch geben Biker im Berner Oberland so manche Inspiration – hier auf dem Weg zum Furkapass.

wälzt. 1892 vernichtete ein verheerender Brand das gesamte Grindelwald bis auf die Kirche. Dessen demzufolge vergleichbar junge, aber nichtsdestotrotz sehenswerte Bauernhäuser verteilen sich auf mehrere natürliche Geländestufen in toller Aussichtslage. Der heutige Ort lebt ganzjährig vom Tourismus. Hochalpine Bergtouren, Gletscherwanderungen für alle Altersgruppen, Eisgrotten und die nicht nur Japaner begeisternde Fahrt mit der antiken Schmalspurzahnradbahn zum »Top of Europe«, dem auf über 3 500 Metern gelegenen Gletscherhaus des Jungfrauenjoch machen Grindelwald zu einem der beliebtesten Reiseziele der Schweiz.

Und erneut liegt der Gegensatz gleich um die Ecke. »Des Menschen Seele gleicht dem Wasser: Vom Himmel kommt es, zum Himmel steigt es ewig wechselnd...«, dichtete Goethe beim Anblick der stillen, Kraft spendenden Präsenz des Lauterbrunnentales. 1779 war er zu Besuch im beschaulichen gleichnamigen Hauptort mit seinem selbst an heißen Sommertagen noch imposanten Staubbach-Wasserfall. Der hintere Teil des immer enger verlaufenden Tales ist für den Verkehr komplett gesperrt – und das ist gut so. Auch ein bayerischer Reisedampfer mit zwei Oberland-Fans muss nicht in jedes Eck vordringen. Zumindest nicht motorisiert. Gerne nutzen wir die Gelegenheit des Tages zu einer kleinen Wanderung.

Angesichts eines grandiosen Sonnenunterganges über dem See zieht es uns abends dann noch ins nahe liegende Thun, dem Tor zum Berner Oberland. Hier quirlt das moderne Leben durch eine historische Altstadt, durch Fußgängerzonen und an Uferpromenaden. Alt- und Neustadt verbindet eine antike hölzerne Schleusenbrücke, verwinkelte Gässchen führen zum prachtvoll herausgeputzten Rathaus gleich unterhalb von Schloss Thun. So gar nichts erinnert daran, dass dieses Städtchen der größte Übungsplatz des Schweizer Heeres sein soll. Doch Computersimulationen haben wohl auch in diesem Bereich längst das Knallen von Gewehren, das Donnern von Panzergeschützen ersetzt. Wie angenehm. Kontrastprogramm für alle Sinne.

Ein neuer Morgen. Die Sonne kitzelt uns früh aus den Federn, unser prallvolles Roadbook drängt zu einem schnellen Frühstück. Das Herz des Berner Oberlandes, Frutigen-, Engstligen-, Kander- und Kiental steht auf dem Programm, eine Reise durch herrliche Gebirgswelten zu berühmten und nicht so berühmten Ferienorten. Schwungvoll führt uns die Straße durch eine von fernen Gipfeln begrenzte Bergbauernlandschaft. Nahezu jeden Kilometer könnte ich anhalten, die Kamera zücken und die Ausblicke für die Ewigkeit konservieren. Da die Schlagschatten der Berge das Kiental noch fest in ihrem Griff haben, statten wir erst einmal Adelboden einen Besuch ab. Am Rande eines weitläufigen Hochtales in 1350 Metern Höhe präsentiert sich das Skiressort im Sommer als beliebter Ausgangsort für Wanderungen in die hochalpine Welt der umliegenden Dreitausender. Die einzige Straße entlang des Engstligenflusses führt uns vorbei an wirklich glücklichen Kühen auf prachtvollen Almen.

Motorradfahren in alpinem Gelände – Hochalm oberhalb von Guttannen

Unterwegs im Land der pupsenden Bakterien – das liebliche Emmental bei Heidibühl

Internationale Curlingwettbewerbe machten das benachbarte Kandersteg im letzten Jahrhundert berühmt – na ja, zumindest unter Curlern. Zu echter Bekanntheit kam das gemütliche Dorf durch den Bau des Lötschbergtunnels, eines 15 Kilometer langen Eisenbahnstollens, der ab 1906 unter schwierigsten Bedingungen durch den massiven Fels des Balmhorns nach Goppenstein im Wallis getrieben wurde. Um dem Verkehrsaufkommen Herr zu werden, wurde die Straße durch das Kandertal ausgebaut und weitgehend begradigt. Nun führt eine fahrerisch eher anspruchslose Strecke durch allerdings schöne Landschaften.

Als Ausgleich gibt's gleich nebenan das liebliche Kiental. Abseits jeglicher Hektik und touristischer Betriebsamkeit liegt es am Nach-

Echten Schweizer Käse nach alten Traditionen gibt es in Ballenbergs Freilichtmuseum.

VON KÄSE UND DER RICHTIGEN TECHNIK

Die hoch technisierte Geburt eines dennoch echten Schweizer Käses mit natürlich echten Schweizer Käselöchern kann man in der Emmentaler Schaukäserei in Affoltern im nördlichen Emmental beobachten. Dazu gibt es natürlich auch einen Laden, in dem alle Produkte zu kaufen sind und eine Wirtschaft, in der sich alle Gerichte irgendwie um den Schweizer Käse drehen. Lecker und interessant. Infos unter www.showdairy.ch

mittag im prallen Sonnenschein vor den Reifen unseres Boxers. Fast hätten wir den kleinen Abzweig von der Hauptstraße übersehen. Dabei lohnt das einstige Viehzentrum des Berner Oberlandes mit seinen prachtvollen Bauernhäusern zweifelsohne eine ausgiebige Besichtigung. Die einzige Straße des Tales steigt sofort mit 15 Prozent bergan und stimmt uns auf kommende Höhepunkte ganz an ihrem Ende ein. Im Weiler Kiental gilt es erst einmal, den Maut-Automaten zu finden, um das Ticket für die Weiterfahrt zum Talschluss zu lösen. Eine pfadfinderische Herausforderung, die wir jedoch meistern. Neben der einzigen Bäckerei linker Hand im Ort ist er angeschraubt. Vier Franken kostet die lohnende Investition.

Tja und einige Kilometer weiter stehen wir dann zweifelnd vor dem Steilanstieg zur Griesalp. Inmitten einer herrlich grünen Bergwelt warnt eine überdimensionale Hinweistafel vor dem Kommenden. 28 Prozent Steigung auf ausgesetzter, kehrenreicher und kann mehr als lenkerbreiter Piste warten auf uns. Vier Kilometer purer Stress. Natürlich mit Gegenverkehr. Der straßenbreite Postbus alle 30 Minuten, Geländewagen der Bauern von den auf der Griesalp liegenden Höfen und der ein oder andere angstgeschwitzte Tourist. Das muss nicht sein. Wir schenken uns die letzten Meter und genießen lieber einen echten Kientaler Alpennachmittag.

Von pupsenden Bakterien ...

Gar mächtig hat die Sonne am anderen Morgen mit tief hängenden Wolken zu kämpfen, als wir zu unserer letzten Tour aufbrechen. Das Zweisimmental und der Jaunpass stehen noch auf unserer »To-see«-Liste. Zuverlässig wie immer startet der Boxer zu seinem Tagwerk. Über Erlenbach und Därstetten schwingen wir auf verkehrsreicher Straße nach Südwesten. Am kleinen Abzweig zum Jaunpass scheiden sich erfreulicherweise die Geister und wir lassen Laster & Co. rasch hinter uns zurück. Kehre um Kehre geht es in bester alpenländischer Qualität bergan, kuppeln, runterschalten, rum um die Kurve und Gas geben – ein viel zu seltenes Fahrvergnügen versetzt den Gleichgewichtssinn ins Schunkeln. Über die Gashand

Schloss Thun überragt die quicklebendige Stadt am gleichnamigen See.

bieten sich grandiose Aussichten auf die noch wolkenverhüllten Berner Alpen. Mit Spannung verfolgen wir den Kampf der Sonne gegen die mächtigen Cumulonimbus. Na ja, um es kurz zu machen – die Sonne gibt wenig später auf, wirft das Handtuch. Zumindest hier in den Bergen. Doch zurück am Thunersee empfängt sie uns bereits wieder mit strahlendem Schweizer Lächeln.

AUF MYSTERIÖSEN SPUREN

Ganz anderen Spuren als pupsenden Bakterien folgt Erich von Däniken, der wohl umstrittenste Vergangenheitsforscher Europas. Seinen Theorien über unsere Herkunft, seinen Erklärungen der ungelösten Rätsel dieser Welt kann man in Interlakens monumentalem Mystery Park folgen. Doch aufgepasst: Ihr bisheriges Weltbild könnte ins Wanken geraten nach einem Rundgang durch diesen ganz anderen, spannend fremdartigen Erlebnispark. Infos unter www.mysterypark.ch

Bild Seite 40/41: Alpin ist auch das Wetter: Pass Schallenberg nach einem heftigen Sommergewitter

Geschichte zum Anfassen: Auf dem Ballenberg wird die Vergangenheit des Berner Oberlandes wieder lebendig.

FREILICHTMUSEUM BALLENBERG

Freilichtmuseen sind nicht unbedingt jedermanns Geschmack. Doch Ballenberg ist anders. Gänzlich anders. Auf dem Ballenberg ist die Schweiz so wie sie einmal war – allerdings befreit von verstaubtem, musealem Charakter, vielmehr lebendig, offen und gestaltet zu einem Erlebnis für alle Sinne. Echte Menschen ersetzen die Schaufensterpuppen, nehmen den Besucher an die Hand, entführen ihn »live« in längst vergangene Zeiten. Der in Ehren ergraute Korbflechter kennt sein Handwerk von klein auf, der umtriebige Brotbäcker backt kein Dauergebäck für die Schauvitrine, sondern nach originaler Rezeptur für den Verkauf im angrenzenden Laden. Der Inhalt des Kessels in der uralten Käserei wird nicht allabendlich heimlich weggeschüttet, sondern unter unseren Augen zu echtem Schweizer »Chäs« nach alter Tradition verarbeitet. Ein ideales Ausflugsziel, um Land und Leute noch intensiver zu studieren. Infos unter: www.ballenberg.ch

»Lass uns doch noch ins Emmental schauen...«. Nur wenige Sekunden brauche ich, um die Idee meiner besten Sozia an einem der zahlreichen Kreisverkehre Thuns umzusetzen und die gesamte Fuhre in Richtung Steffisburg zu dirigieren. Denn das berühmte Emmental grenzt in Steinwurfweite gleich im Norden ans Berner Oberland. Und außerdem wollte ich immer schon einmal wissen, wie diese Löcher in den Schweizer Käse kommen.

»Das sind ganz einfach unsere pupsenden Bakterien.« Etwas verwirrt schauen wir in der Schaukäserei in Affoltern dem »Chaser« bei der überwiegend von Technik dominierten Arbeit zu. Doch tatsächlich, der Milch zugesetzte Bakterien sind es, welche die Fettbestandteile des Käses während der Lagerung

teilweise auffressen und dabei Kohlensäure produzieren, die sie – um nicht selbst zu platzen – eben ausstoßen, auspup...na, Sie wissen schon. Durch freigesetzte Kohlensäure entstehen also die Löcher im Schweizer Käse. Und dessen historische Wurzeln liegen vor allem im lieblichen Tal der Emme, dem Emmental. Immer in Sichtweite des mäandrierenden Baches lassen wir uns einfach treiben, folgen ganz spontanen Eingebungen und Abzweigen, kleinsten Wegweisern.

Heidibühl, Ruderswil, Lützelfluh – die Weiler und Dörfer, vollkommen natürlich gewachsen in den zurückliegenden Jahrhunderten, bieten die sehenswerte Kulisse für einen unvergesslichen Heimatfilm. Wenngleich die Berge hier im Emmental nicht wirklich hoch, die Landschaft hier nicht wirklich felsig ist, irgendwie erinnert mich jeder zurückgelegte Meter an Heidis berühmte Filmheimat, an das Land von »Grossvattterrr« und dem Alm-Öhi.

Oder um es auf den Punkt zu bringen, erinnern mich die behutsam gesammelten Eindrücke unserer so kontrastreichen Reise durch das Berner Oberland und liebliche Emmental an eine längst verloren geglaubte, heile Welt. An ein Stückchen friedliche, bedächtige und gerade deshalb wohl so erholsame Welt.

Klingt mächtig pathetisch? Ist es auch, aber wie eingangs bereits erwähnt, nüchterne Neutralität war in dieser Geschichte ganz und gar nicht mein Bestreben. Verzeihen Sie mir bitte, aber dazu ist es im Berner Oberland einfach viel zu schön.

***Pausenplätzchen mit grandioser Aussicht:** Die Uferpromenade von Brienz lädt zum Verweilen.*

ALLGEMEINES

Das Berner Oberland ist das gemütlich pochende Herz der Schweiz. Es vereint auf einer überschaubarer Fläche die Vorzüge von Wasser und Fels, von weiten Gipfeln und engen Tälern – mit einem Wort: Bikerspaß pur der allerdings anspruchsvollen Art. Es waren auch hier wohl wieder einmal reisefreudige Engländer, die den Zauber des Oberlandes entdeckten und in Büchern und Zeitungsartikeln erstmals darüber berichteten. 1776 veröffentlichte William Coxe seine Reiseführer über die Schweiz und schwärmte in höchsten Tönen von der Schönheit des Berner Oberlandes. Seine Erzählungen lösten die erste Besucherwelle aus. Künstler, Philosophen, Politiker, Gelehrte und natürlich die Haute Volée trafen sich zu Erholung, Entschlackung und Inspiration. Goethe schlief in Ermangelung von Pensionen ganz einfach in Pfarrhäusern, für Napoleons Frau Josephine wurde eigens das erste Schiff des Thunersees gebaut, da sie gerne schippern gehen wollte. Und mit dem Bau der Eisenbahn-Verbindung von Bern nach Thun 1859 nahm die Zahl der Gäste stetig zu. Heutzutage lebt man im Berner Oberland gut und gerne vom Tourismus, der zu einem der wichtigsten Wirtschaftzweige geworden ist.

KLIMA UND REISEZEIT

In den Berner und Walliser Alpen prallen mediterrane Einflüsse aus Norditalien auf nordeuropäische Strömungen und mixen einen abwechslungsreichen, nicht zu unterschätzenden Cocktail aus langen, schneereichen Bergwintern und sonnigen, warmen Alpensommern. Der Grimselpass zeigt seine Altschneereste durchaus bis weit in den Juni hinein und kann bereits im Oktober wieder erste weiße Schichten tragen. Dagegen verwöhnen die Sommer an den Seen des Berner Oberlandes mit Durchschnittstemperaturen von deutlich über 26° C. Die niederschlagreichsten Monate sind aufgrund der Sommergewitter Juni bis August, Herbst und Frühling sind regenärmer. Die Temperaturen liegen zwischen -5° C im Januar und bis zu 30° C im Juli/August.

SCHÖNSTE REISEZEIT

Ist trotz alledem der Sommer, wenn auch die umliegenden Pässe der Schweiz und Frankreichs schneefrei sind und somit die Touren durch das Berner Oberland um prächtige Abstecher ergänzen.

MOTORRADFAHREN

Nahezu jede Straße des Oberlandes trägt das grüne Band besonderer Schönheit – und das zu Recht. In den Dörfern scheint die Zeit stehen geblieben zu sein, die Sackgassen in die Täler enden vor gewaltigen Wasserfällen. Alpine Erfahrung – selten war sie wertvoller als im Berner Oberland. Schnurgerade Pisten für Vmax-Erlebnisse sind rare Ausnahme. Das Land besteht vor allem südlich des Thunersees aus einer Aneinanderreihung von Spitzkehren. Die zu bewältigenden Steigungen liegen oft zwischen 15 und 28 Prozent. Single-Track-Roads mit viel zu seltenen Ausweichstellen führen zu den schönsten Flecken. Vor allem der Grimselpass ist traditioneller Treffpunkt der Berner Bikerkollegen. Das Tankstellennetz ist ausreichend dicht, die Öffnungszeiten sind allerdings recht individuell und vor allem am Sonntag kann man auch ganztägig vor abgeschalteten Zapfhähnen stehen.

ATTRAKTIONEN

Ganz im Gegensatz zu anderen Regionen Europas hat sich das Berner Oberland zwar dem Gast geöffnet, sich ihm aber keinesfalls verschrieben. Die Architektur der idyllischen Bergdörfer ist traditionell wie eh und je, selbst mondäne Hotels gliedern sich in den Charakter der Umgebung. Traditionell, bodenständig, volkstümlich und natürlich auch ein wenig behäbig, so wie das Land sind auch die Menschen. Alphornfeste, Männerringkämpfe, Trachtenumzüge, aber auch Freilichtspiele um den wohl berühmtesten Schweizer Wilhelm Tell lassen bei einem Besuch im Berner Oberland niemals Langeweile aufkommen. Und im Herbst, bevor der erste Schnee die Senner von den Almen treibt, wird im berühmten »Chästeilet« der über den Sommer produzierte Almkäse unter den Dorfbewohnern verteilt. Ein Schauspiel der ganz besonders sehenswerten Art.

ESSEN + TRINKEN

Generell ist die Schweizer Küche schmackhaft und abwechslungsreich wie das Land. Deftige Bauernkost findet sich ebenso auf den Speisekarten, wie frischer Fisch und heimisches Wild. Und im Herbst beginnt natürlich die Zeit der berühmten Fondues und des Schweizer Raclettes. Warme Küche gibt es in der Regel zwischen 11 und 14:30 Uhr sowie ab 18 Uhr. Dazwischen werden kleine Gerichte angeboten. Restaurantbesuche hinterlassen allerdings deutliche Kerben im Geldbeutel. Die Preise für ein Abendessen mit Wein beginnen abseits des vom Tourismus verwöhnten Thuner und Brienzer Sees bei 20 € / Person, in den See-Restaurants steigen sie rasch in den Bereich von 35 € und mehr.

ÜBERNACHTEN

Die Schweiz ist kein preiswertes Reiseland. Einfache Zimmer kosten ab

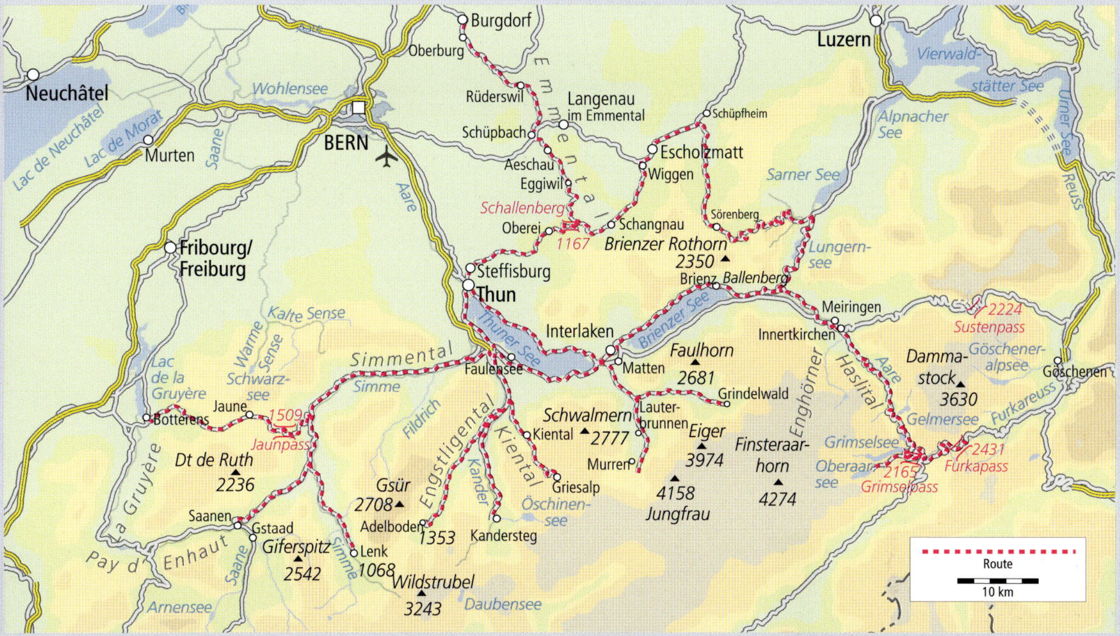

umgerechnet 45 €. In Thun und Interlaken klettern die Preise in den dreistelligen Bereich. Selbstversorger sollten sich nach einer Ferienwohnung umschauen, die vergleichsweise günstige Wochenpauschalen ab 320 € kosten. Autor und Gefährtin fanden ein gutes Selbstversorger-Appartment hoch über den Ufern des Thunersees beim ebenfalls bikenden Ehepaar Doris Ris und Richard Engel in Faulensee (Bergweg 6, 3705 Faulensee, Tel. 0041/336 54 19 93, E-Mail: caprice.ch@ gmx.ch).

• Das unter Motorradlern beliebte **Hotel »Kreuz«** (Donnerstag Bikertreff) findet sich in Wilderswil, Lehngasse 72, 3812 Wilderswil, Tel. 0041/338 22 23 41, E-Mail: kreuzwilderswil@my diax.ch.

• In Thun in historischem Ambiente übernachten kann man im **Zunfthaus zu Metzgern** direkt am Rathausplatz, Untere Hauptgasse 2, 3600 Thun, Tel: 0041/332 22 21 41, www.zumetzgern.ch

GELD / KREDITKARTEN

Grundsätzlich sollte man im Berner Oberland mit 25 Prozent höheren Kosten für Unterkunft und Verpflegung rechnen als bei vergleichbaren deutschen Angeboten. Geldautomaten gibt es zuhauf, Kreditkarten werden überall akzeptiert. Vermieter von Ferienwohnungen wollen allerdings oftmals lieber Bargeld sehen.

ANREISE

Über den Bodensee oder das Dreiländereck bei Basel ist die Schweiz schnell und bequem zu erreichen. Von der Grenze aus führen die A1 Zürich – Bern – Thun oder die A1/A2/A8 Zürich – Luzern – Giswil ans Ziel. Für die Autobahnbenutzung ist in der Schweiz eine Vignette für 40 Franken erforderlich. Achtung: Diese Vignette muss unlösbar am Motorrad angebracht werden, da sie ansonsten ungültig ist. Eine Anbringung beispielsweise am Klarsichtfach des Tankrucksack kostet zusätzliche 100 Franken Strafe.

LITERATUR / LANDKARTEN

• Einen sehr informativen Überblick auf ganzen 120 Seiten bietet der Marco Polo Reiseführer »Berner Oberland, Bern«, Mairs Geographischer Verlag.

• Als Straßenkarte empfiehlt sich die Ausflugs- und Touristikkarte »Berner Oberland« mit detailreichem Maßstab 1:120 000, Hallwag Kümmerly & Frey-Verlag.

WICHTIGE ADRESSEN

• **Schweiz Tourismus**, Postfach 160754, 60070 Frankfurt, Tel. 0800/10 02 00 30 (gebührenfrei), E-Mail: info.de@ myswitzerland.com, www.myswitzerland.com

• **Berner Oberland Tourismus**, Postfach, 3800 Interlaken, Tel. 0041/338 23 03 03. www.berneroberland.ch

• **Thuner See Tourismus**, Postfach 2611, 3601 Thun, Tel. 0041/842 84 21 11, E-Mail: info@thunersee.ch, www.thunersee.ch

Auf Europas Dächern

Biken im frühlingshaften Engadin ist mehr als nur eine Reise auf das Dach Europas – es ist ein Erlebnis für alle Sinne.

Bild Seite 46/47: Bikers Pflichtprogramm im Engadin: Der Anstieg zum Albulapass inmitten einer ganzjährig prächtigen Bergwelt

Der Maloja-Pass im Oberengadin führt schwungvoll hinunter ins traumhafte Bergell.

So fern von allem, so metaphysisch... hier ist gut leben, in dieser starken, hellen Luft, wo die Natur auf wunderliche Weise zugleich wild, feierlich und geheimnisvoll ist. Wohl wahr, der schönste Winkel der Erde...«

So jubelte Friedrich Nietzsche, als er seine kreativsten Sommermonate 1881 bis 1888 im Oberengadin verbrachte. Und obwohl der föhnige Malojawind den Schriftsteller mit Kopfschmerzen und Fieber quälte, während er nächtens im trüben Schein einer Kerze die Gedanken seiner Wanderungen niederschrieb, zog es ihn doch Jahr für Jahr wieder in die Bergwelt des Engadins.

Auch heute noch entzieht sich das Dach Europas jeglichem Versuch einer sachlichen Beschreibung. Die überraschende Weiträumigkeit seiner Pässe lädt ein zum Durchatmen, die urplötzliche Enge der Seitentäler zwingt zur Besinnung auf das Wesentliche. Schneefall an Hochsommertagen ist genau so selbstverständlich wie warme Frühlingswinde aus dem Süden inmitten eines scheinbar unendlichen Winters. Den Reiz des Engadins gänzlich ohne Emotionen zu beschreiben, hieße das Unmögliche zu versuchen.

Verständlich also, dass dieses Land der harten und intensiven Farben auch mich sofort in seinen Bann zieht. Fasziniert schwinge ich durch das eindrucksvolle Ardez mit seinen stattlichen Engadiner Häusern. Farbenfrohe Sgraffitis, kunstvolle Dekorationen rund um die oftmals Schießscharten ähnelnden Fenster zieren die Bauwerke. Diese uralte, aus Italien stammende Handwerkskunst verleiht den

Prachtvolle Sgraffitti-Kunst ziert viele traditionelle Engadiner Häuser, wie hier in Guarda.

Häusern und Höfen eine sehenswerte Eleganz. Ardez ist eine architektonische Perle des Engadins. 1432 Meter hoch auf einer natürlichen Terrasse über der Innschlucht gelegen, ist das Dorf seit 1975 Beispielgemeinde für Denkmalpflege. Und über allem thront die 1499 im Schwabenkrieg zerstörte Burgruine Steinsberg aus dem 12. Jahrhundert.

Offroad zu den Highlights

Ein winziger Wegweiser lockt mich nach Ftan, einem beschaulichen Weiler. Die gut geteerte Single-Track-Road weicht alsbald einer feinkörnigen Kiespiste, auf der mich die Stollenreifen meiner Enduro unbeirrt vorantragen. Lawinen und Feuersbrünste ließen die Bewohner Ftans in den zurückliegenden Jahrhunderten niemals zur Ruhe kommen. Mit viel Enthusiasmus konnten dennoch einige der schönsten Engadiner Häuser gerettet werden. Lifte steigen von hier in die Skigebiete von Scuol auf und bringen die für die Erhaltung des Dorfes nötigen Devisen. Scuol selbst als Hauptort und größte Gemeinde des Unterengadins besitzt neben einem malerischen Dorfplatz seit Anfang des 20. Jh. berühmte Heilquellen, deren Wasser Leber-, Magen-Darm- und Stoffwechsel-Erkrankungen lindert. Dementsprechend touristisch vermarktet empfängt mich der Ort wenig später. Über den smaragdgrünen Inn dirigiere ich die Honda anschließend nach Tarasp.

Von Mundwasser und Ritterburgen...

Weithin sichtbar auf einem Felskegel thront das Schloss Tarasp. Perfekt fügt sich das Bauwerk in die Wildheit dieser Alpenlandschaft. Steile 500 Höhenmeter sind in Kehren zu überwinden, imposante Dreitausender ragen rechts und links des Lenkers in den tiefblauen Himmel.

Italienische Ritter sollen um 1040 n.Chr. die Burg auf strategisch wichtigem Fels erbaut haben, um sich in die angesehene Riege der Engadiner Burgherren einzuschleichen. Bereits hundert Jahre später starb die Sippe der frisch gebackenen Burgeigentümer allerdings mangels gesunder männlicher Nachkommen aus. Knapp vor dem endgültigen Verfall der Gemäuer von Tarasp verliebte sich jedoch Anfang des 20. Jahrhunderts der deutsche Mundwasserfabrikant Karl August Lingner in die traurigen Reste und kaufte sie für ganze 20 000 Franken. Diese entnahm er einfach der prall gefüllten Portokasse seiner Fabrik, die ein Produkt namens Odol bekannt gemacht hatte. Aus allen Ecken des Landes ließ Lingner sodann Möbel, Teppiche, Täfelungen und Wappenscheiben zusammentragen, um die Burg in ihren ursprünglichen Zustand zu versetzen. 1914 war Richtfest, 1916 sollte feierliche Einweihung sein. Doch wenige Tage vorher verstarb er, den Stein gewordenen Traum seines ersehnten Altersruhesitzes vor Augen.

Schnee bis in den Sommer: Am Flüelapass führt der Winter viele Monate im Jahr Regie.

Ein Blick auf die Karte weckt den Wunsch in mir, noch tiefer in diese unberührte Bergidylle einzutauchen. Ein winziges Sträßlein zweigt bei Scuol gen Osten in das Val S-charl, dem schönsten und abgelegensten Hochtal, das im 14. Jahrhundert berühmt für seine reichen Erzvorkommen war. Blei, Silber, ja sogar Gold wurde hier geschürft und sorgte in dem Ort mit dem merkwürdigen Namen S-charl bis ins 17. Jahrhundert für Reichtum und Wohlstand. Heutzutage kündet nur noch eine Schautafel an einem verrammelten Stollen vom Glanz längst vergangener Epochen.

Die Sonne streift bereits die Gipfel der umliegenden Dreitausender, als ich aus der Einsamkeit des Val S-charl zurück ins Unterengadin düse. In Ardez warten bereits ein gutes Essen und ein Engadiner Roter auf mich. Dazu funkelt eine für Stadtmenschen atemberaubende Vielzahl von Sternbildern über meinem Helm.

Von Säumern und Alpenbischöfen...

»Juwele des Engadins« nennt man sie, die Orte Ardez und Guarda. Wie kaum anderswo häufen sich hier die mit Sgraffiti überreich verzierten Häuser. Oberhalb der verkehrsreichen Talstraße treibe ich die Africa Twin anderntags über Bos-Cha nach Guarda. Der Ort steht unter Denkmalschutz und gleicht einem Freilichtmuseum mit freiem Eintritt. Zu Fuß streife ich durch die kaum lenkerbreiten Gassen. Neben Sgraffiti finden sich auch Schriftzüge in Rätoromanisch, insbesondere dem Vallader, einem von fünf verschiedenen Dialekten des Rätoromanischen an den Häuserwänden.

Erste Wolkenbänder tauchen auf am Horizont, als ich mir entlang des mächtig strömenden Inns meinen Weg nach Zuoz suche. Im 12. Jahrhundert kaufte der Bischof von Chur den damaligen Bergbauernhof und baute ihn zu einem Mittelpunkt seiner Regentschaft im Oberengadin aus. 400 Jahre lang blühten kirchlicher Wandel und weltlicher Handel in trauter Zweisamkeit, bis Ende des 15. Jahrhunderts das österreichische Kaiserheer über den Cassanapass in Richtung Zuoz zog. Doch groß war die Verwunderung der Söldner, als sie den Ort in Schutt und Asche vorfanden. Die Bewohner selbst hatten ihre schmucken Häuser angezündet, um den feindlichen Heer-

LEGENDÄRE RHÄTISCHE BAHN

Auf einer der schönsten Bahnstrecken der Welt fährt die Rhätische Bahn mit ihrem Bernina-Express von Chur über Pontresina und St. Moritz hinauf zum Bernina-Hospiz auf 2253 m und weiter ins italienische Tirano. Die zum Teil abenteuerlich angelegte Bahntrasse bietet atemberaubende Ausblicke auf die Eisriesen- und Gletscherwelten der Bernina-Gruppe. Heutzutage ein Renner stand die 1910 privat erbaute Bahnlinie allerdings mehrmals vor dem Ruin. 1944 sicherte die Fusion mit der Rhätischen Bahn ihren Erhalt. Zwei Stunden dauert die Fahrt von St. Moritz über den Bernina nach Tirano und zählt zu den absoluten Highlights europäischer Eisenbahn-Erlebnisse. Rechtzeitige Platzreservierung ist unbedingt zu empfehlen. Informationen gibt es unter www.rhb.ch

Vom Sehen und Gesehen werden…

»Is was…«, scheint mich der Schweizer Wettergott anderntags spitzbübisch zu fragen. Kein einziges Wölkchen findet mein prüfend schweifender Blick, während ich in die immer noch feuchten Stiefel flutsche. Ofen- oder Maloja-Pass? Stilles Münstertal oder traumhaftes Bergell? In der Gewissheit der schnellen Vergänglichkeit dieser Engadiner Frühsommertage zwingt mich bereits die erste Weggabelung zu einer schweren Entscheidung. Versteckt hinter dem Ofen-Pass, direkt auf dem Weg zum legendären Stilfser Joch liegt das verschlafene Val Müstair. Aber die Alternative lockt immerhin mit den Seen der Silvaplana, dem Maloja und sagenumwobenem Bergell. Mit einem Seufzer treibe ich die Africa Twin gen Süden.

Sehen und gesehen werden lautet die Devise in St. Moritz, dem wohl berühmtesten Bergdorf der Schweiz. Stars und Sternchen, auch längst verglühte, geben sich hier die Klinke in die Hand. Eine Kette von Hotelburgen

Der Bernina-Pass ist eines der fahrerischen und landschaftlichen Highlights des Oberengadins.

scharen keine Beute zu überlassen. Im 16. und 17. Jahrhundert wurden zahlreiche der imposanten Bürgerhäuser um den sehenswerten Dorfplatz wieder aufgebaut.

Mit anspruchsvollen Kehren möchte mich bald darauf der Albula-Pass verwöhnen. Doch mächtig graue Wolken türmen sich über meinem Helm zu einem dieser für die Alpen typischen Wetterumschwünge. Dennoch lasse ich mir die Freude an der Strecke nicht vermiesen und treibe die Honda auf die 2312 Meter hoch gelegene Scheitelhöhe.

Als »Höchstgelege Stadt der gesamten Alpen« begrüßt mich wenig später Davos und ein flüchtiger Silberstreif am östlichen Horizont dirigiert mich nach einem kurzen Aufwärmstopp auf die kurvenreiche Strecke hinauf zum Fluelapass. Hier haben die Reste eines langen Winters die Landschaft noch fest in ihrem Griff. Kniepadhoch türmen sich die Altschneewälle in den Kurven, verwandeln alles in eine eigentümlich stimmungsvolle Schwarzweiß-Fotografie. Durch das Val Susasca düse ich zurück in Richtung Zernez und suche mir erst einmal eine trockene Bleibe.

Tradition und Moderne: Sankt Moritz hat viele Seiten zu bieten und wartet darauf, entdeckt zu werden.

prägt das Dorfbild. Traditionelle Holzbauweisen vermischen sich übergangslos mit modernen Betonbauten, der Reiz des Ursprünglichen wechselt innerhalb weniger Schritte mit architektonischer Zweckmäßigkeit. Restaurants, Souvenirläden und Einkaufspassagen bieten garantiert alles, was das Herz des Gastes wünscht und sein Kontostand bezahlen kann.

Nur wenige Kurven weiter liegt das Kontrastprogramm vor den Stollenreifen meiner Honda. Das Inntal öffnet sich zur Oberengadiner Seenplatte. Tiefgründiges Schmelzwasser streitet mit azurblauem Italo-Himmel und schneeweißen Gipfelwelten um die Gunst des Augenblicks. Fischer dümpeln mit ihren kleinen Kähnen auf dem Gletschersee. Zweifelsohne – Nietzsches Inspiration wirkt auch heute noch in unserer ansonsten so schnelllebigen Zeit.

Unvermutet liegt er dann vor mir, der Maloja – traumhaftes Kurvenparadies in hochalpiner Welt. Eigentlich wäre der Pass gar nicht so spektakulär, böte er nicht atemberaubende Ausblicke auf die Drei- und Viertausender der Bernina-Gipfel. Während sich im Bergdorf Maloja die Reisebusse stapeln, schwinge ich die Pass-Straße hinab Richtung Italien. Eine warme Brise umschmeichelt Mensch und Motorrad, mit einem Griff klappe ich das störende Kinnteil des Helmes nach oben, atme tief durch. Herrliche Rechts-Links-Kombinationen lassen meinen Gleichgewichtssinn fröhlich schunkeln. Gas geben, anbremsen, ausholen, durchschwingen und erneut Gas geben –

ST. MORITZ - ALT UND NEU

Das einstmals vor allem durch seine Heilquellen berühmt gewordene Bergdorf St. Moritz hat sich im Laufe der letzten Jahrzehnte zielstrebig zu dem wohl bekanntesten Treffpunkt des internationalen Jetsets entwickelt. Zwei erfolgreiche Winterolympiaden sowie zahlreiche Ski-Weltmeisterschaften lassen den 1856 m hoch gelegenen, schneesicheren Kurort vor allem in der weißen Jahreszeit so richtig aufblühen. Doch auch im Sommer hat St. Moritz seine Reize, begründet in der traumhaften Lage am Rande der Oberengadiner Seen. Über 300 Sonnentage pro Jahr und das italienisch milde »Champagner-Klima« machen den Ort zu einem beliebten Ausgangspunkt für Wanderungen in die Oberengadiner Bergwelt. Nähere Infos unter www.stmoritz.ch.

Linke Seite: Postkarten-Idylle zum Anfassen im Hochtal von Tarasp

Abseits des Verkehrs geht es bei Susch durch eine tatsächlich heile Alpenwelt.

MALOJA PASS UND BERGELL

Gute zwanzig Kilometer lang und nur wenige breit zieht sich die hochalpine Landschaft des Bergell mit ihren einzigartigen Felsformationen vom Maloja-Pass hinunter in das italienische Chiavenna. Bregaglia heißt sie auf Italienisch und bietet als Ausgangspunkt für ausgedehnte Wanderungen vor allem im Frühling und Herbst eine seltene, naturgegebene Idylle. Der berühmte Wanderweg »Sentiero Storico« verbindet die kulturellen und geschichtlichen Highlights dieser kleinen Region miteinander und führt aus dem hochalpinen Gelände des Maloja über Soglio und Europas größten Edelkastanienwald hinunter nach Chiavena, hinein in typisch italienische Lebendigkeit. Informationen unter www.bregaglia.ch

perfektes Training für die hohe Kunst des alpinen Motorradelns. Viel zu schnell sind die Kehren zu Ende und die Pass-Straße läuft in Blumenwiesen aus.

Von unentdeckten Schmuckstücken ...

Schier unendlich sind die Winter im Bergell. Die Kraft der Sonne reicht kaum hinab in die engen Täler, das Land und seine Menschen verharren mancherorts in monatelangem Halbdunkel. Die Sommer dagegen sind kurz aber gewaltig, intensiver als irgendwo sonst in den Alpen. Eine Symphonie aus Farben und Formen überwältigt den schweifenden Blick. Klare Gipfelprofile, smaragdfarbene Gletscherseen, in Orgien aus Grün explodierende Almen stimmen mit der Gischt Schmelzwasser führender Wildbäche an zu einem Lobgesang auf Mutter Natur.

Begeisterung erfüllt mich, als ich nach den letzten Kehren in einer Frühlingsblütenpracht auspendle. Eine Wiese lädt zu einem Sonnenbad, spontan lege ich mich ins wadenhohe Gras, lasse meine Seele im warmen Maloja-Wind baumeln. Überall summt und brummt es, die Kürze der Sommer im Bergell treibt sämtliches Getier zur Eile an.

Von einer sonnigen Felsterrasse oberhalb Bondos blickt das sehenswerte Soglio weit über diese atemberaubende Pracht. Ein steiler, kurviger Aufstieg zwingt mich zu allerhöchster Konzentration. Der Parkplatz am Ortseingang nimmt die Fahrzeuge der Besucher auf, denn das Dorf selbst ist autofrei. Der Abend klopft bereits an die Tür und in der mit kleinen, bunten Butzenfenstern spärlich ausgeleuchteten Gaststube des Stüa Granda Hofes hänge ich die Mopedjacke für heute gerne an den Nagel, nehme mir ein gemütliches Zimmer.

Von Heimreise und Wiederkehr ...

Die Sonne geht auf und irgendwo im Dorf krähen zwei Hähne um die Wette. Heimreise ohne Eile steht auf meinem Roadbook. Dicke Wolkenwattebäusche türmen sich derweil über den Gipfeln der Bernina-Gruppe und erzählen von labiler Wetterlage. Doch noch behält die kräftige Morgensonne die Oberhand. Auf der Strada del Maloja düse ich entlang der Ober-

engadiner Seenplatte gen Norden, steige jedoch schon bald wieder voll in die Eisen, als der Wegweiser zum Bernina an einer Weggabelung zu lesen ist.

Was wäre ein Besuch des Engadins ohne die Fahrt hinauf zum Bernina? Sträflich unvollständig natürlich! In weit ausholenden Kurven windet sich die Pass-Straße auf 2330 Meter. Majestätisch langsam schiebt sich der Piz Bernina, der einzige Viertausender Graubündens, ins Bild. Am 18. September 1850 stand ein Bündner als Erster auf dessen Gipfel, ein Ereignis, von dem die Menschen hier auch heute noch mit Stolz berichten. Eine durchaus verständliche Regung, nachdem sämtliche anderen Gipfel des Landes von Engländern erstbestiegen worden waren. Auf der Passhöhe angekommen, gönne ich der Africa Twin und mir eine ausgiebige Verschnaufpause. Weit schweifen meine Blicke hinunter ins Val Poschiavo, dem Puschlavtal. Dort windet sich der knallrote Bernina-Express gerade auf spektakulärer Trassenführung hinab ins Tal. Ein Anblick, der nicht nur Eisenbahnfreunde begeistert.

Eines Tages werde ich mit viel mehr Zeit im Tankrucksack zurückkehren in Nietzsches Engadin und das lieblich-verträumte Bergell. Zurückkehren zu den prächtigen Dörfern entlang des reißenden Inns, in eine Welt aus harten Kontrasten und leuchtenden Farben. Und zurückkehren zu den einfachen, herzlichen und heimatverbundenen Menschen, die ihre jahrhundertealte Tradition lebendig erhalten.

Das Engadin bei Zuoz: Paradies für Freunde hochalpiner Landschaften

ALLGEMEINES

Viele Jahrhunderte lang war das Engadin reines Durchgangsland der wandernden Völker von Nord nach Süd und umgekehrt. Einflussreiche Familiendynastien des angrenzenden Inntales sicherten sich im Mittelalter Macht und Einfluss in der strategisch bedeutenden Bergwelt und versuchten sie gegen Österreich, Italien, Deutschland und die Schweiz abzuschotten. Erst 1814 besiegelte die Aufnahme des Engadins als 15. Kanton in die Eidgenossenschaft die bis heute gültige Zugehörigkeit des Landes zur Schweiz.

KLIMA UND REISEZEIT

Seien Sie beim hochalpinen Engadiner Wetter auf alles vorbereitet. Während tagsüber sommerliche 25° die Menschen in den Tälern verwöhnen, fällt nächtens oder anderntags auf den Gipfeln und Pässen der erste Schnee. Der Alpenhauptkamm im Norden des Engadins fungiert als natürliche Wetterscheide und sorgt im Oberengadin für mediterranen Einfluss. Die beste Reisezeit für Biker sind die Monate Mai bis Oktober. Die Täler sind dann schneefrei, die Pässe offen. Juli und August sind die Ferienmonate der Schweizer, Vorab-Reservierungen in Hotels und Gasthöfen sind dann zu empfehlen.

SCHÖNSTE REISEZEIT...

sind später Frühling und Sommer. Das gesamte Engadin blüht auf, die hoch stehende Sonne erleuchtet auch die tiefsten Täler und an plötzliche Wintereinbrüche braucht man ein paar Wochen lang keinen Gedanken zu verschwenden.

MOTORRADFAHREN

Das Engadin bietet hochalpinen Kurvenspaß auf überschaubarem Areal. Ein abwechslungsreiches Potpourri aus fahrerisch anspruchsvollen Pässen und lieblichen Seitentälern steht zur Auswahl. Die Straßenverhältnisse reichen von gut ausgebauten Bundesstraßen bis zu grobsteinigen Feldwegen. Die Wintersperren der Pässe lassen sich bei allen Verkehrsdiensten in Erfahrung bringen. Tankstellen existieren hauptsächlich entlang der Durchgangsrouten, in den Seitentälern bestehen keine Möglichkeiten, ein leeres Benzinfass zu füllen.

ATTRAKTIONEN

Als Paradies für Wanderer ist das Engadin weithin bekannt. Aber das kleine Land hat noch viel mehr zu bieten: Mountainbiken, Gleitschirm- und Drachenfliegen zählen ebenso dazu, wie Kanu-/Kajakfahrten, River Rafting und Maultiertrekking. Dazu gibt es in nahezu jedem Dorf Kostümfeste und Kulturtage, die das Engadiner Brauchtum lebendig halten. Besonders sehenswert sind der traditionelle Käsemarkt in Scuol, das Alpfest »Prümaran Prà San Flurin« in Sent, das Winteraustreiben »Chalandamarz« in Ftan, aber auch die ganz speziellen Veranstaltungen zur Engadiner Esskultur sowie die erlebenswerten, geschichtenreichen Dorfführungen in Guarda. Mitte August fegen dann Surfer aus aller Welt über den Silvaplana-See in den böigen Maloja-Winden. Scuol lädt stets im Juni zu einem großen Motorradtreffen mit Dreiländerfahrt und Frühschoppen. Nähere Informationen gibt es im Internet oder über unten aufgeführte Kontaktadressen.

ESSEN + TRINKEN

Wer kennt es nicht, das Bündner Fleisch, luftgetrocknet und in hauchdünne Scheiben geschnitten, zählt es zu den bekanntesten kulinarischen Attraktionen der Region. Aber auch überlieferte Mehlspeisenrezepte, wie Capuns (Spätzleteig mit Speckstücken) und Schoppa da giotta (Gerstensuppe) finden sich wieder auf den Speisekarten der Restaurants und sollten unbedingt probiert werden.

ÜBERNACHTEN

Die Übernachtungsmöglichkeiten reichen vom Matratzenlager auf der Berghütte über Ferien auf dem Bauernhof bis zu Luxushotels. In der Hochsaison an Weihnachten und in den Monaten Juli und August empfiehlt es sich, Zimmer zu reservieren. Denn das Engadin ist nicht nur bei Schweizern eine äußerst beliebte Urlaubsregion.

Diese Hotels gefielen mir besonders:

- Das aus einem Unterengadiner Bauernhaus in drei Generationen entstandene **Schlosshotel Chasté Tarasp**, 7553 Tarasp, Tel. 0041/818 61 30 60, www.relaischateaux.ch.
- In Zernez im Herzen des Engadins liegt das familiengeführte **Hotel Spöl**, 7530 Zernez, Tel. 0041/818 56 12 79, www.hotel-spoel.ch.
- Das ehemalige Pfarrhaus Soglios, jetzt bekannt unter dem Namen **Stüa granda Albergo e Ristorante**, steht an der schönsten Stelle des Ortes, 7610 Soglio, Tel. 0041/818 22 19 88, www.stua-granda.ch

GELD / KREDITKARTEN

Generell sind die Preise im Schweizer Engadin sowohl in puncto Übernachtung als auch Verpflegung den Schönheiten der kleinen Alpenregion angepasst, sie liegen zwischen 15 und 25 Prozent über vergleichbaren deutschen Kosten. Die Bargeldversorgung funktioniert mittels zahlreicher Geldautomaten problemlos, in den Städten werden zudem alle gängigen Kreditkarten akzeptiert. In den Bergdörfern zählt allerdings meistens nur Bargeld in Form von Schweizer Franken.

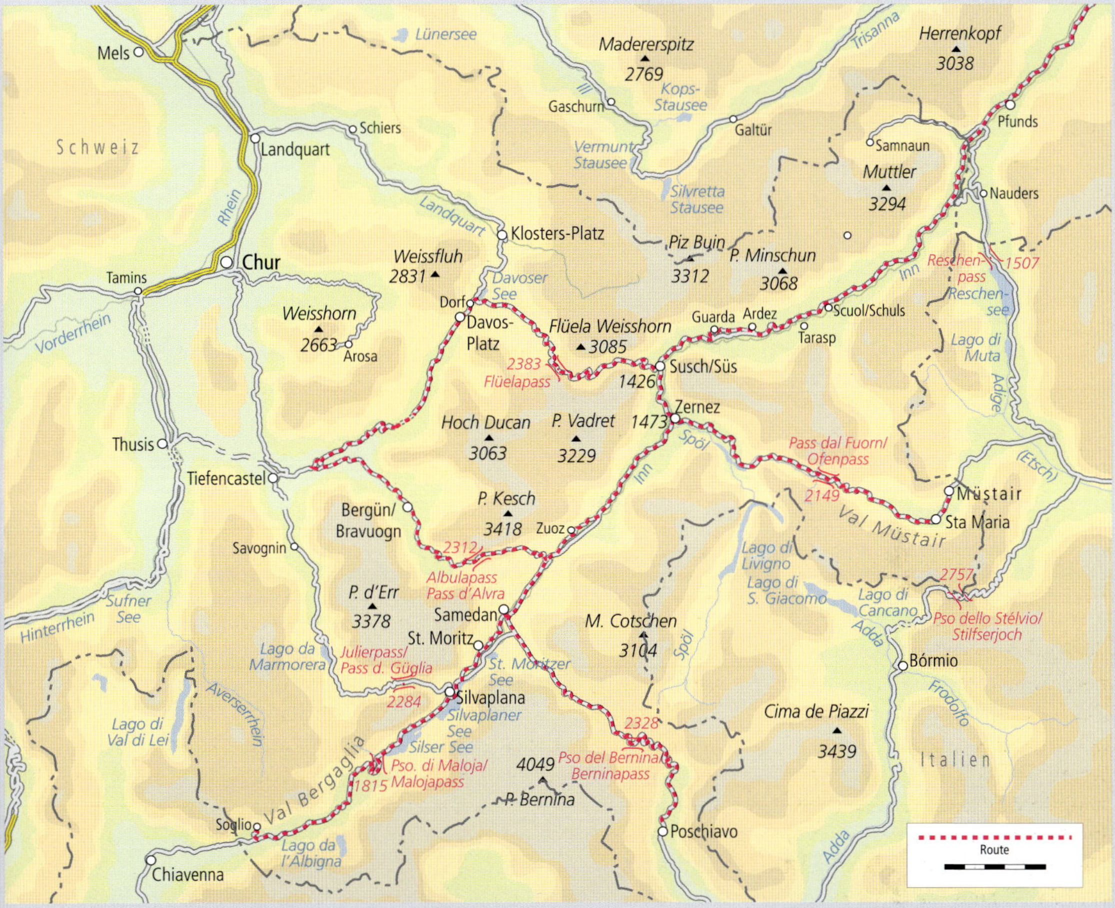

ANREISE

Das Engadin erreicht man schnell und bequem über Innsbruck, Imst und Landeck. Bei Autobahnbenutzung ist die Vignettenpflicht sowohl in Österreich als auch der Schweiz zu beachten. In Österreich kostet eine Zehn-Tages-Vignette für Motorradfahrer 4,30 €, die Zwei-Monats-Vignette 10,90 €. Die Schweiz verlangt 40 Franken für die Jahresvignette. Sie gilt ein Kalenderjahr. Beim Kauf der Vignette in der zweiten Jahreshälfte gibt es offiziell kein Geld retour.
Achtung: Die Vignette ist grundsätzlich fest am jeweiligen Motorrad anzubringen. Eine Anbringung zum Beispiel am Klarsichtfach des Tankrucksack kostet in der Schweiz 100 Franken Strafe, zudem muss dann erneut eine Vignette gekauft werden.

LITERATUR / LANDKARTEN

- Ausreichende Detailtreue bietet die Marco-Polo-Generalkarte Schweiz, Teil 2 »Östlicher Teil, Zentralschweiz«, Mairs Geographischer Verlag, Maßstab 1:200 000 €.
- Der Dumont Reiseführer »Graubünden«, Dumont Reiseverlag, bietet auf 240 Seiten umfassende Informationen. Und zwar nicht nur über das Engadin, sondern auch die umgebenden anderen Landschaften Graubündens.

WICHTIGE ADRESSEN

- **Schweiz Tourismus**, Postfach 160754, 60070 Frankfurt, Tel. 0800/10 02 00 30 (gebührenfrei) E-Mail: info.de@ myswitzerland.com, www.myswitzerland.com
- **Verkehrsverein Graubünden Ferien**, Alexanderstraße 24, 7001 Chur, Tel. 0041/812 54 24 24, E-Mail: contact@graubuenden.ch, www.graubuenden.ch
- **Verkehrsverein Oberengadin**, Postfach 54, 7504 Pontresina, Tel. 0041/818 42 65 73, E-Mail: info@engadin.ch, www.engadin.ch
- **Ferienregion Engadin-Scuol**, 7550 Scuol, Tel. 0041/818 61 22 22, E-Mail: info@engadin.com, www.engadin.com.

Alpensommer auf Französisch

TOUR 5 GRANDES ALPES

Sämtliche namhaften französischen Alpenpässe zwischen die Lenkerenden zu nehmen – das bedeutet Genuss für alle Sinne. Die Route des Grandes Alpes ist ein garantiert unvergessliches Highlight.

Sind unsere französischen Nachbarn nicht ein beneidenswertes Volk? Meister des »Laissez-faire«, des Lebens abseits aller Hektik. Wahre Künstler der »Haute cuisine«, der festen und flüssigen Gaumenfreuden. Und dann dieses Land, das von all den Schönheiten auf Erden ein Stückchen abbekommen hat. Die Cote d'Azur mit dem unvergleichlichen Flair des sonnenverwöhnten Südens, Normandie und Bretagne an den rauen, windgepeitschten Gestaden des Atlantiks. Das Burgund, die Loire, die Dordogne und all die anderen harmonischen Symbiosen zwischen Mensch und Natur. Und ganz im Osten die französischen Alpen – ein Paradies für all jene, die wirklich hoch hinaus wollen. Ein Paradies für aufstrebende Biker.

Über das »schwäbische Meer«, Bern und den Genfer See sind wir am Vorabend angereist, um auf der legendären »Route des Grandes Alpes« all den großen französischen Pässen unsere Aufwartung zu machen. Um sie zu erobern jetzt im Spätsommer, kurz bevor der erste Schnee diesen lang gehegten Traum erneut zurück in die Schublade »unerfüllt« befördern kann. Im Juli 1937 wurde die »Route des Grandes Alpes« feierlich eröffnet, auf knapp 700 Kilometer Länge führt sie durch sechs französische Alpen-Departements von Nord nach Süd, verbindet alle namhaften Pässe miteinander, bevor sie in den Hügeln der Cote d'Azur vor den Toren Nizzas gemütlich auspendelt.

Vorspiel

Früh am anderen Morgen geht es bereits heftig bergan. Den Zwischenstopp im Schweizer Martigny im Rücken treibe ich die BMW zum ersten Highlight, dem Großen St. Bernhard-Pass. Zugegeben, die »Route des Grandes Alpes« hat ihren offizielle Anfang ja im Grunde am Südufer des Genfer Sees in Thonon-les-Bains. Doch – ganz ehrlich – warum sich mit den netten Gefilden der Savoyer Alpen begnügen, wenn sozusagen direkt vor den Reifen unseres bajuwarischen Tourers 2473 Höhenmeter nur so darauf warten, von uns bezwungen zu werden. Rasch lassen wir die Baumgrenze hinter uns zurück, rasch wird die Landschaft karger, ja hochalpin. Auch die Straße, anfänglich gut ausgebaut für zügiges Vorankommen, wird schmaler, passt sich mehr und mehr dem natürlichen Verlauf des Geländes an. Kurven reihen sich aneinander wie Perlen auf einer Kette – im Falle des St. Bernhards sogar einer richtig teuren. Auch wenn die Ausblicke auf die umliegenden Walliser und Savoyer Alpengipfel im Dreiländereck

Erzählt Geschichten aus besseren Zeiten: Geschlossenes Hotel auf dem Weg zum Col Glandon.

Hier juckt die Gashand im Sekundentakt: Blick vom Galibier gen Süden.

Schweiz-Frankreich-Italien grandios sind, anhalten oder gar pausieren ist an diesem Morgen kein Thema. Denn das hieße, unseren perfekten Kurvenschwung jäh zu unterbrechen.

Bis zu drei Jahre muss man warten, um einen echten Bernhardiner aus der Zucht am Großen St.-Bernhard-Pass zu bekommen. Und dazu oftmals noch einige Tausend Euro bezahlen. Die gegen einen Obolus von 5 € zu besichtigenden Zwinger der Zuchttiere hinterlassen allerdings einen eher zwiespältigen Eindruck, müssen die besten Freunde des Menschen doch in Einzelkäfigen auf kaltem Betonboden ausharren. Das die Passhöhe dominierende Hospiz des Großen St. Bernhard ist traditionell eine Herberge der Reisenden, hier bekommen diejenigen, die nachweislich zu Fuß unterwegs sind, ein Dach über dem Kopf und warme Mahlzeiten. Der herkömmliche Tourist mit Auto oder Motorrad wird in den gegenüberliegenden, kommerziell geführten Gasthof verwiesen.

Unmittelbar hinter der Passhöhe beginnt unser einziger Abstecher nach Italien. Schwungvoll geht es hinunter nach Aosta, dann gen Westen hinauf zum Kleinen St. Bernhard. Dichte Wolken liegen über den Ruinen der ehemaligen Grenzstation zwischen Italien und Frankreich, als wir die Passhöhe erklimmen. Ein kräftiger Wind sorgt für die eine oder andere Sonnenlücke, dennoch fröstelt uns nach den Kilometern durch das sommerliche Aosta-Tal. Hier oben auf 2188 m riecht es bereits intensiv nach Herbst. Ich gebe Gas und bei Seez erreichen wir endlich unser Thema, die »Route des Grandes Alpes«. Deren Beschilderung ist wahrlich nicht immer einheitlich.

Bild Seite 58/59: Aufstieg von Barcelonette zum Col de la Bonette

Unterwegs auf der Südrampe des Galibier in Richtung Col du Lauteret

Einer Empfehlung französischer Freunde folgend orientieren wir uns lieber an den unscheinbaren Meilensteinen am Wegesrand, die neben der Straßennummer meist auch die Entfernung zum nächstgrößeren Ort sowie Angaben über die Seehöhe tragen. Ein Hauch deutscher Bürokratie in hochalpinen französischen Landen – was will man mehr?

Die Sonne streift bereits die umliegenden Gipfel des Massif de la Vanoise, als wir uns vorbei am Lac de Tignes dem Wintersportgiganten Val d'Isère nähern. Noch haben die meisten Hotels hier ihre Pforten geschlossen oder renovieren mit Hochdruck für die kommende Saison. Dennoch finden wir nach kurzer Suche ein freies Zimmer und beschließen den langen Tag in hochalpiner Umgebung auf immerhin 1800 Metern.

Blitzbesuch

Nur ganze drei Monate im Jahr befahrbar ist der höchste Pass der »Route des Grandes Alpes«, der Col d'Iseran. Kein Baum, kein Strauch wächst hier auf unwirtlichen 2770 m über dem Meer, ein eiskalter Wind pfeift um die Ecken der Gipfelkirche. Einsam und verlassen wartet sie unter strahlend blauem Himmel auf uns, als wir anderntags nach genussvollem Spitzkehren-Vergnügen den Pass bezwungen haben. Unisono lassen wir Mopedjacken, Handschuhe, Helm, ja sogar Visiere fest geschlossen. Die Kälte dringt dennoch durch viel zu viele Ritzen. Wie schade, dass die aufsteigende Wärme des Boxers sofort in alle Himmelsrichtungen verweht wird. Grandiose Landschaften liegen zu unseren Füßen hier im Herzen des Nationalparks La Vanoise. Dreitausend Meter und mehr ragen die Felsen in den Himmel. Wir stehen im wahrsten Sinne des Wortes auf dem befahrbaren Dach der französischen Welt – und bibbern eine Runde um die Wette. Nix wie weg hinab in wärmere Gefilde.

Erst im hübschen Bergdorf Bonneval-sur-Arc 900 Höhenmeter unterhalb des Passes tauen wir im Windschatten der Gipfel bei zwei Riesenportionen leckerem Café au lait allmählich wieder auf. Weiter geht es hinunter in das Tal des Flüsschens Arc, die Pass-Straße mündet

in die deutlich verkehrsreichere RN 6. Zum ersten Mal die echte Qual der Wahl haben wir bereits in St.-Michel-de-Maurienne. Denn Col du Télégraphe, Galibier und wenige Kilometer westlich der Col de Glandon sowie der Croix de Fer locken uns mit unterschiedlich satten Höhenmetern. Doch wir bleiben standhaft und eng am Thema, wählen Télégraphe und Galibier, nicht ohne den anderen beiden zu versprechen, auf unserer Heimreise auf jeden Fall vorbeizuschauen.

In den Tälern und an den Flanken der französischen Seealpen steht der Spätsommer in voller Pracht. Auch am Col du Télégraphe bereitet sich die Natur auf ein knallbuntes Saisonfinale vor. Die kräftigen Farben bieten im Konzert mit der kargen Welt der Gipfel Abwechslung pur, umschmeicheln unsere pausenlos schweifenden Blicke. In lang gezogenen Kehren geht es zunächst auf gut ausgebauter Strecke bergan. Doch bereits wenige Kilometer hinter dem Örtchen Valloire wechselt die Piste ihr Gesicht, wird immer schmaler. Helmtiefe Schlaglöcher zwingen zu eiertanzartigen Ausweichmanövern, die unsere gutmütige BMW mit optimaler Schwerpunktlage

Der Aufstieg zum Großen Sankt Bernhard bietet perfektes Kurventraining in hochalpiner Umgebung.

Nichts für religiöse Nichtschwimmer: die einsame Kapelle im Lac de Serre-Poncon

bereitwillig unterstützt. »Straße lesen« unter voller Konzentration ist angesagt.

Auch für die Tour de France ist der Aufstieg zum Galibier alljährlich eines der fahrerischen Highlights. 2646 Höhenmeter wollen wahrlich erkämpft werden – mit unseren fast 100 Nm Drehmoment allerdings ein wesentlich leichteres Unterfangen als per reiner Muskelkraft. Die letzten 150 Meter können durch einen Tunnel unterhalb des Passes zwar abgekürzt werden, doch das ist für uns an diesem Tag kein Thema. Wir wollen das ganze Vergnügen und genießen wenig später in einer ausgiebigen Verschnaufpause auf des Gipfels Bikertreff die prachtvollen Ausblicke auf das Herz der französischen Seealpen. Ganz in der Ferne glitzert sogar die Schneekappe des Mont Blanc zu uns herüber. Ihr Anblick macht nicht nur uns an diesem Tag so richtig Laune auf anstehende Touren.

An strategisch äußerst günstiger Stelle wurde das ehemalige Militärlager Briançon im 17. Jh. von Frankreichs berühmtestem Festungsbaumeister Vauban mit einem meterdicken, doppelten Verteidigungsring gesichert und kontrollierte derart uneinnehmbar lange Zeit die gesamte Region. Nicht nur diese architektonischen Zeitzeugen machen Europas höchstgelegene Stadt am Rande der Durance-Schlucht auch heutzutage noch so sehenswert. Die von gut erhaltenen, haushohen Mauern umgebene winzige Altstadt mit ihren kaum lenkerbreiten Gassen ist bequem zu Fuß zu erkunden. Zahlreiche Cafés und Kneipen laden vor allem am Abend zum Verweilen ein. Nur unser im Voraus gebuchtes Zimmer im nahe gelegenen Gap zwingt uns irgendwann zum Abschied.

Vorbei am gewaltigen Trinkwasserspeicher Lac-de-Serre-Ponçon mit seinem herzzerreißend einsam mitten im See dümpelnden Kirchlein schwingen wir im französischen Feierabendverkehr aus den Bergen hinunter in das quirlige Provinzstädtchen römischen Ursprungs. Zwar hat der von der Internationalen Alpenschutzkommission zur Alpenstadt des Jahres 2002 gekürte Ort im Laufe seiner wechselvollen Geschichte viel an originaler Substanz verloren, bietet dem Reisenden mit seiner historischen Altstadt aber dennoch viel Sehens- und Erforschenswertes für einen niemals langweiligen Aufenthalt.

Aufbruchstimmung

Trotz des spürbaren Charmes von Gap herrscht bei uns anderntags erneute Aufbruchstimmung. Kaum haben wir uns am typisch französischen Frühstück ein wenig gestärkt, stellt uns das Roadbook erneut vor die Qual der Wahl. Und diesmal fällt die Entscheidung wirklich schwer. Denn wenige Kilometer östlich streiten der Col de Maure, Col du Labouret, Col d'Allos, der Cayolle und Vars sowie der höchste aller französischen Alpenpässe, der sagenumwobene Col de la Bonette, um unsere Gunst. Das alles im Angesicht eines traumhaften Alpentages. Was tun? Salamitaktik hilft, wir beschließen scheibchenweise am Thema zu

Dem unerbittlichen Zahn der Zeit überlassen: die verfallene Grenzstation am Kleinen Sankt Bernhard

bleiben. Nach einem Abstecher auf die landschaftlich schön gelegenen, fahrerisch aber unspektakulären Col de Maure und Col de Vars geht es mit frischem Schwung mitten hinein in die Gipfelwelten des Parc National de Mercantour, hinauf zum Col de Cayolle, immer penibel auf der »Route des Grandes Alpes«. Den

Scheitelpunkt der Route des Grandes Alpes: Am Col d'Iseran wird die Luft bereits merklich dünner.

Traditionelles Hospiz der Reisenden gleich neben weltberühmter Bernhardiner-Zucht: am großen St. Bernard

höchsten aller französischen Pässe, den Col de la Bonette, reservieren wir uns als Leckerbissen für die Heimreise. Denn offiziell zählt dieser aufgrund seiner nur wenige Monate im Jahr möglichen Befahrbarkeit zwar nicht zur »Route des Grandes Alpes«, aber zweifelsohne zum Pflichtprogramm jeder Motorradreise durch die französischen Seealpen. Und im Falle der Bonette wird die Pflicht ganz rasch zur Kür. Hoffentlich hält das Wetter...

Eine frische Brise weht uns entgegen, als wir am Talgrund der »Gorges du Bachelard« in Richtung Cayolle schwingen. Jede noch so kleine Straße trägt hier das grüne Band besonderer landschaftlicher Schönheit und verdient es, mit viel mehr Zeit im Tankrucksack erkundet zu werden. Leider ist unser Urlaubstage-Kontingent nicht unendlich. Seufzend gebe ich Gas. Stände nicht eine schmucklose Gedenktafel am Wegesrand und würde von

der hier verlaufenden Grenze zwischen den Departments Alpes-Maritimes und Alpes-Haute-Provence erzählen, wir hätten den Col de Cayolle vor lauter Kurvenschwung glatt übersehen. Na ja, zwei Kehren später, als sich die Straße anschickt, zurück in die blühenden Landschaften der Haute-Provence abzutauchen, da hätten wir vermutlich gemerkt, dass uns etwas entgangen wäre. Nur ein paar Wanderer nutzen am Col de Cayolle die Gunst dieses herrlichen Spätsommertages für Erkundungen der umliegenden Alpen. Währenddessen freuen wir uns nach all den rauen Gipfelwelten der letzten Tage inzwischen auch ein wenig auf die Abwechslung an der Küste.

Lichte Mischwälder wechseln mit Palmen, Kakteen und Oleanderbüschen inmitten der sanft geschwungenen Hügel und prägen so das berühmte Bild der Cote d'Azur. Nizza, die »Königin der Blauen Küste«, sprudelt ganzjährig vor mediterranem Leben und ist ein beliebtes, aber auch teures Pflaster nicht nur für Winterflüchtlinge. Anderthalb Tage schauen wir uns um und strecken unsere blassen Bikerwaden sogar knietief ins Mittelmeer, dann heißt es Abschied nehmen. Doch das fällt wahrlich nicht schwer, denn *er* steht ja noch in Großbuchstaben auf unserem Roadbook – der Col de la Bonette.

Geschichtsstunde

Als »Route Imperiale«, als kaiserliche Straße, klassifizierte bereits Napoleon III, der Neffe des berühmten kleinen Franzosen, den Weg von Nizza nach Barcelonette über den Col de la Bonette. Dementsprechend militärisch gesichert musste er werden, eine Aufgabe, die bis

MÄRCHENWELT MONACO

Das irgendwie immer noch märchen- und geschichtenreiche Fürstentum Monaco liegt nur einen Tagesausflug von Nizza entfernt und lohnt nicht nur wegen seiner traditionellen Eleganz inmitten einer herrlichen Küstenlandschaft einen ausgiebigen Besuch. Am schönen, alten Hafen trifft sich die High Society auf strahlend weißen Yachten, teurer als manche Villa an Hamburgs Alster. In den Cafés und Restaurants geben sich Prominente, Stars und Sternchen aus aller Welt die Klinke in die Hand. »Menschen gucken« macht in Monte Carlo mit seiner illustren Gesellschaft ganz besonders Spaß. Für das obligatorische Shopping sollte das Konto allerdings gut gefüllt bzw. das Kreditkartenlimit ausreichend hoch sein. Infos unter www.visitmonaco.com

Der Charme des französischen Savoir-vivre weht auch durch die Altstadtgassen von Gap.

zu 800 Soldaten im 1890 speziell dafür erbauten Militärlager unterhalb des Passes zu erfüllen hatten. Zumindest im kurzen Alpensommer. Aber auch in den langen Wintermonaten lebten hier eine Hand voll extrem wetterfester Gebirgsjäger in völliger Abgeschiedenheit, autark und monatelang eingeschneit. Von Süden kommend führt die Auffahrtsrampe zum Bonette durch dieses heutige Geisterdorf in eindrucksvoller Panoramalage. Wenige Kurven weiter nimmt eine fremdartige, ja fast lebensfeindliche Mondlandschaft Mensch und Motorrad in sich auf. Die nagelneue Pass-Straße, übrigens die höchste Europas und spektakulär in die Gipfelwelt gesprengt, führt als Krönung und Belohnung aller fahrerischen Mühen in streng vorgeschriebener Richtung entgegen dem Uhrzeigersinn 60 Meter unterhalb des Bonette-Gipfels einmal um das Massiv herum.

Zerstörte Bunkeranlagen und Geschützstände aus dem Ersten Weltkrieg verleihen der Szenerie einen ganz eigenartigen Touch. Nahezu senkrecht geht es über die Gashand in die Tiefe, kein Geländer, keine Leitplanke würde einen Fahrfehler ausbügeln, den freien Fall verhindern. Immer wieder testet mein Blutdruck seine biologisch ungesunde Obergrenze, während ich die über 400 Kilo schwere Fuhre mit möglichst ruhiger Gashand zur Passhöhe treibe. Auch meine beste Sozia ist froh darüber, dass wir uns in all den gemeinsamen Jahren auf zwei Rädern eine gehörige Portion hochalpine Motorrad-Erfahrung zugelegt haben. Doch endlich oben angekommen heißt es erst einmal anhalten, Seitenständer raus, absteigen, durchatmen und entspannen – keiner der zahlreichen Biker, die mit uns den Bonette erklommen haben, entsagt dieser hochwillkommenen Prozedur. Konstanzer Enduristen treffen sich mit Turiner Stummellenkern und einer beinahe die gesamte Wegbreite füllenden monegassischen Goldwing zu grenzenlosen Benzingesprächen. Das Ganze inmitten von Natur pur, denn der Bonette ist vollkommen gastronomiefrei.

Und wenn es am schönsten ist, soll man ja bekanntlich aufhören. Nun, fahrerisch haben wir mit dem Bonette sicherlich den Höhe-

Probieren ausdrücklich erlaubt: Wochenmärkte in Frankreich haben ihren unvergleichlich eigenen Reiz.

punkt der französischen Alpenpässe und damit auch der »Route des Grandes Alpes« erreicht. Wie angenehm, dass wir mit zwei ganzen Tagen Resturlaub im Gepäck auf dem Heimweg in aller Ruhe noch unsere gegebenen Versprechen einlösen können. Mit Col Bayard, ein paar Kilometern auf der legendären Route Napoleon und über den Croix de Fer geht es in aller Ruhe ins prächtige Chamonix, dem französischen Wintersportort der Extraklasse.

Und oben am Forclaz schließt sich der Kreis unsere Tour über die »Route des Grandes Alpes« zu einem Erlebnis, an das wir uns noch sehr lange erinnern werden. Ganz bestimmt und nicht nur, weil uns Bikerkollegen am Forclaz ganz aufgeregt von 20 cm Neuschnee auf dem Galibier berichten. Als kleine Abschluss-Überraschung. Das war diesmal aber knapp…

LEGENDÄRE ROUTE NAPOLEON

Wer des Pässe Sammelns müde ist, kann für die Rückreise auch die legendäre Route Napoleon vom Golf von St. Juan nach Grenoble wählen. Auf dieser heute sehr verkehrsreichen Nationalstraße zog der kleinwüchsige, aber großmeisterliche Napoleon im März 1815 aus der Verbannung von Elba zurück nach Paris und hinterließ mannigfaltige Spuren. Während der südliche Abschnitt der RN auch fahrerisch ein Erlebnis ist, liegen die Sehenswürdigkeiten und Schönheiten des nördlichen Abschnitts eher rechts und links der Strecke in den kleinen Orten und Städten. Infos unter www.provencebeyond.com/sites/rtnapol.html

Nizzas Promenade des Anglais bietet Entspannung nach kurvenreichen Tagen auf der »Route des Grandes Alpes«.

ALLGEMEINES

1910 hatte der Touring Club de France die Idee zur »Route des Grandes Alpes«, der vielleicht schönsten Hochalpen-Panoramastraße Europas, 1937 war feierliche Eröffnung. Heutzutage führt sie von Thononles-Bains am Südufer des Genfer Sees 700 Kilometer hinunter nach Menton bei Nizza. 16 000 Höhenmeter sind insgesamt zu bewältigen, von 16 Pässen liegen sechs über 2000 Metern. Durchgängig befahrbar ist sie in der Regel zwischen Juni und Mitte Oktober. Danach schließen die hoch gelegenen Pässe aufgrund des Winters.

KLIMA UND REISEZEIT

Alpin ist das Klima im nördlichen Teil der Strecke. Wetterumschwünge, Wintereinbrüche, aber auch Föhnsturm würzen die Vorhersagen. Zwischen Oktober und April liegen die Grandes Alpes im Winterschlaf. Ab Mai sorgen mediterrane Wetterlagen für Frühling, der rasch in einen Alpensommer übergeht. Auch der Herbst ist eher kurz. Die Temperaturen fallen im Winter auf deutlich unter Null, steigen dafür in den Bergen selbst an heißen Sommertagen kaum über 25° C. Gen Süden Richtung Cote d'Azur herrschen ab Mai hochsommerliche Verhältnisse.

SCHÖNSTE REISEZEIT...

ist eindeutig der Sommer, wenn auch der Bonette endlich schneefrei ist und alle Pässe nur darauf warten, erobert zu werden. Da stört es auch kaum, wenn die Franzosen gerne selbst diesen Teil ihres Landes besuchen. Platz ist für alle da.

MOTORRADFAHREN

Die »Route des Grandes Alpes« verlangt eine sichere Hand im Umgang mit dem Motorrad. Aneinanderreihungen von Spitzkehren mit bis zu 20 Prozent Steigung sind der Reiz. Auch wenn die durch sechs Departments führende »Route des Grandes Alpes« in grundsätzlich gutem Zustand ist, die Teilstrecken im Gipfelbereich sind extremen Witterungen ausgesetzt und daher oft von helmtiefen Schlaglöchern durchsetzt. Tankstellen existieren nur in den Tälern und haben zudem Öffnungszeiten ganz nach Laune des Besitzers. Die eher seltenen Tankautomaten akzeptieren 10- und 20- Euro-Noten.

ESSEN + TRINKEN

Während die Restaurants im Gebirge traditionell kräftig-deftige Speisen auftischen, finden sich an der Cote d'Azur unendlich viele Möglichkeiten, die Hautecuisine zu genießen. An der Küste natürlich auch mit frischem Fisch in unzähligen Variationen. Die Preise variieren zwischen Nord und Süd zum Teil kräftig. Während man in den Seealpen für das abendliche Menü inklusive Wein zwischen elf und 20 €/Person bezahlen muss, kostet vergleichbares Essen im Umland der Cote d'Azur bis zu 40 € pro Person. Viele Restaurants bieten mittags kleine, schnelle Gerichte für acht bis zehn Euro, fast alle Lokale haben zwischen 15 und 19 Uhr geschlossen oder servieren nur eingeschränkte Küche. Ab 19 Uhr steht dann wieder die gesamte Karte zur Auswahl.

ÜBERNACHTEN

In den Seealpen liegen die Preise für ein Doppelzimmer mit Frühstück zwischen 25 und 75 Euro, Richtung Cote d'Azur steigen sie rasch in den dreistelligen Euro-Bereich. Einen gemütlichen Eindruck machen

- in Briançon das **Parc Hotel**, Central Parc, 05100 Briançon, Tel. 0033/492 20 37 47
- und das **Ibis-Hotel** in Gap, 5/7 Blvd. Georges Pompidou, 05000 Gap, Tel. 0033/492 53 57 57.

GELD / KREDITKARTEN

Im Frankreich werden oftmals noch Umrechnungen in Franc ausgedruckt, daher Vorsicht wegen der Verwechslungsgefahr bei Kreditkartenbelegen. Internationale Geldautomaten existieren in nahezu jedem Dorf, Kreditkarten werden ebenfalls gerne genommen.

ANREISE

Über Bodensee und Schweiz geht es zum Genfer See. Bei Autobahn-Benutzung ist eine Vignette für 40 Franken erforderlich. Die »Route des Grandes Alpes« startet in Thonon-les-Bains am Genfer See. Wer die Route allerdings um Großen und Kleinen St. Bernhardt erweitern möchte, sollte in Martigny 50 Kilometer südöstlich beginnen.

LITERATUR / LANDKARTEN

- Michelins »Grüner Reiseführer« »Französische Alpen«, Michelin Touristik,
- die Michelin-Straßenkarten Nr. 523 »Französische Alpen« und Nr. 527 »Provence – Cote d'Azur«, Maßstab von 1:200 000. Michelin Reise-Verlag, Karlsruhe.

WICHTIGE ADRESSEN

- **Association Grande Traversée des Alpes**, 14, rue de la République BP 227, 38019 Grenoble Cedex, Tel. 0033/476 42 08 31, E-Mail: info@ grande-traversee-alpes.com, ww.routedesgrandesalpes.com
- **Office de tourisme de Gap**, 2 A, cours Frédéric Mistral, B.P. 41, 05000 Gap, Tel. 0033/492 52 56 56, E-Mail: office.toursimegap@wanadoo.fr, www.ville-gap.fr.
- **Office du Tourisme et Congrès de Nice**, BP 4079, 06302 Nice Cedex 4, Tel. 0033/892 70 74 07, E-Mail: info@ nicetourism.com www. nicetourism.com

Lausanne
Lac Léman
Thonon-les-Bains
Genève
Mâcon
Bourg-en-Bresse
Nantua
Annecy
Lac d'Annecy
Chamonix
St-Gervais
Mont Blanc
4807
Martigny
Col de la Forclaz
1527
Gr. St. Bernhard-Pass
2473
Gr. Combin
4314
Matterhorn
4478
Monte Rosa
4634
Sion
Sierre
Rhône
Visp
Aosta
S. Vincent
Kl. St. Bernhard-Pass
2188
Ugine
Albertville
le Grd. Colombier
2049
Lyon
Chambéry
Lac du Bourget
Aiton
2489
le Grd. Arc
Moûtiers
Val d'Isère
2709
Col d'Iseran
Gran Paradiso
4061
Úia di Ciamarella
3676
Rocciamelone
3538
Dora Baltea
Lac de Paladru
Voirons
Grenoble
Isère
Col de la Croix de Fer
2068
St. Jean-de-M.
St. Michel
Modane
Susa
Turin
Po
Romans s-Isère
le Moucherotte
1901
Vizille
Route des Grandes Alpes
2645
Col du Galibier
2058
Col du Lautaret
4102
Barre des Ecrins
Valence
la Mure
Drac
Drôme
Briançon
Col d'Izoard
2360
Pinerolo
Crête des Aiguilles
2405
St. Bonnet
1246
Col Bayard
Gap
Roubion
Montélimar
Mont d'Angèle
1606
Embrun
Guillestre
Monviso
3641
Bra
Lac de Serre Ponçon
Tallard
Remollon
le Lauzet-Ubaye
St. Paul-s.-U.
Jausiers
Col de la Bonette
2802
Fossano
Maira
Cuneo
Mondovi
Aigues
Barcelonette
les Monges
2116
2961
Tête de l'Estrop
Col de la Cayolle
2326
St. Etienne-de-Tinée
Cima dell' Argentera
3297
Mont Ventoux
1909
Sisteron
Château-Arnoux
Idigne
Route des Grandes Alpes
Monte Mongióie
2630
Gorges de la Roudoule
Touët
Entrevaux
Tournefort
Manosque
Moustiers-Ste. Marie
Montagne du Lubéron
Monte Ceppo
1627
Plan du Var
Salon-de-Provence
Durance
Verdon
Menton
Aix-en-Provence
Étang de Berre
Nizza
Antibes
Cannes
Fréjus
Aubagne
Oingt
Anse
Pérouges
St. Trivier-de-Courtes
Cormoz
St. Amour
Montrevel-en-Bresse
Route
25 km

TOUR 6 HAUTE-PROVENCE

Jenseits eines Sommers

Die Provence mit ihrem Gran Canyon du Verdon zeigt sich uns auf dieser Tour von ihrer herbstlich-idyllischen Seite – Biken nach französischer Art.

Sechs Millionen Jahre benötigte der Fluss, um diese atemberaubende Landschaft zu formen. Sechs Millionen Jahre, in denen unvorstellbare Wassermassen das noch viel ältere Plateau von Verdon bearbeiteten und sich getreu dem Sprichwort von der Kraft des steten Tropfens tief in den Fels eingruben. Unzählige kleine und große Schluchten bildeten sich über die Jahrtausende, zumal der Kalksandstein der Kraft des Wassers nicht viel Widerstand zu bieten hatte. Es muss ein gewaltiger und wilder urzeitlicher Strom gewesen sein, der das Geröll aus den Canyons schob und Felsen zu feinem Sand zerrieb.

Und hier und heute strömt er noch immer. Zwar von Menschenhand weitgehend gezähmt, doch vor allem nach der Schneeschmelze in den Alpen voll unbändigem Schwung. Als einem der vorläufigen Endprodukte einer gerade mal schlappe zwei Millionen Jahre zählenden Menschenrasse bleibt mir hier und heute nur ehrfürchtiges Staunen, als ich am steilen Felsabriss des Grand Canyon du Verdon in der Haute-Provence verharre.

Es ist mucksmäuschenstill um mich herum an diesem frühen Montagmorgen, selbst die Vogelwelt scheint noch zu schlafen. Nebelfetzen steigen aus den Tiefen der Schlucht herauf, gestatten nur ab und an einen schnellen Blick in die ansonsten in Wolken gehüllte Alpenwelt. Die ersten Vorboten des Herbstes durchstreifen bereits die mediterrane Landschaft, auch wenn es der warmen Spätsommersonne Südfrankreichs tagsüber immer noch gelingt, die Gedanken an die kommende Winterzeit mit Leichtigkeit zu verscheuchen.

Rückblick

Aus dem bereits herbstlichen München hatte es uns vor wenigen Tagen gen Süden durch die Schweizer und französischen Hochalpen getrieben. Auf Furka- und Grimselpass roch es bereits deutlich nach Schnee und einem baldigen Wintereinbruch. Erst weit auf französischer Seite südlich des Col de l'Iseran hatte eine plötzlich einsetzende Südströmung mit stürmischen Föhnwinden alle dunklen Wolken vertrieben und unsere Tourenpläne mit tief-

Die Corniche des Crétes führt auf Tuchfühlung an den Rand des Grand Canyon du Verdon.

Erste Herbstnebel verzaubern die Landschaft der Haute-Provence rund um den Grand Canyon.

blauem Alpenhimmel bestätigt. Noch einmal Sonne tanken mit purem Kurvenspaß in den provençalischen Alpen stand groß und fett als Überschrift auf unserem Roadbook. Über Briançon und eine sakrisch kalte Campingnacht am Lac de Serre-Ponçon erreichten wir anderntags Digne, unser Tor zur Haute-Provence. Das bunte Treiben auf dem sonnigen Wochenmarkt zog uns magisch an und verlangte nach einer ausgiebigen Pause. Wochenmärkte in Frankreich besitzen ihren ganz eigenen Flair. Bunt und laut und an allen Ecken herrlich duftend mit einer dichten Atmosphäre aus Feilschen, Tratschen und Politisieren. Farbenprächtige Tücher, Nippes und Tand, aber auch frische Gemüse und Obst wechseln im Laufe eines Vormittags mehr oder minder rasch ihren Besitzer. Fliegende Händler aus dem ganzen Land kommen in der Hoffnung auf einen schnellen Euro vorbei. Das muss man einfach sehen, erleben und genießen. Nach einem ausgiebigen Rundgang fanden wir uns dann auf der kurvenreichen Strecke zum Lac de St. Croix wieder, die uns zu einem noch offenen Campingplatz direkt am See führte. Während die Sonne bereits ihren Feierabend plante, flutschten die Zeltnägel wie von selbst in den ausgedörrten Sandboden und eine gute Flasche französischer Roter machte gemütlich die Runde. Unsere Saison-Abschlusstour konnte beginnen.

Der sonore Sound eines BMW-Boxers dringt durch die Stille der Bergwelt des Verdon und reißt mich aus meinen Gedanken. Schwungvoll kehrt Freund Günther von seiner Suche nach dem ultimativen Fotostopp zurück. Die weitere Strecke entlang des Südrandes des Grand Canyon du Verdon verspreche einige Highlights, höre ich mit Vergnügen. Also schnell noch den letzten Keks unseres Petit déjeuner zwischen die Kiemen geschoben, Helm und Handschuh übergestülpt, Jacke fest verschließen – es ist doch schon ziemlich frisch hier oben – und weiter geht die schwungvolle Fahrt über das allerdings extrem holprige Sträßchen.

Die Panoramastraße um den Grand Canyon du Verdon wurde in den 50er-Jahren des letzten Jahrtausends erbaut, führt in teilweise spektakulären Kehren und durch pechschwarze, unbeleuchtete Tunnels. Regen, Eis

Bild Seite 72/73: Kurvenparadies Grand Canyon du Verdon am Rive Gauche.

Ein prachtvolles Saisonfinale erwartet Biker in den Dörfern, hier in Comps-sur-Artuby.

Eine alte Bogenbrücke führt uns nach Castellane am Nordrand des Grand Canyons.

und große Temperaturunterschiede zwischen Tag und Nacht sprengen immer wieder große Trümmer aus den steil aufragenden Felswänden. Deren Einschläge setzen dem Straßenbelag arg zu. Deshalb wird jeweils kurz vor dem ersten Winterfrost der Belag in typisch französischer Sparmanier mit großflächigen Bitumen-Rollsplitt-Flickaktionen repariert, was die Weiterfahrt stellenweise zu einer unangenehmen Rutschpartie ausarten lässt. So mancher Fluch aus den offenen Visieren verhallt in den niedrigen Buchsbäumen am Wegesrand.

Doch die Ausblicke über die Kupplungshand hinunter in das tief eingeschnittene Tal des Verdon entschädigen uns für alle Ungemach. Während sich im Westen der tiefblaue Morgenhimmel mit einem leichten Dunstschleier über dem Lac de St. Croix umgibt, wabert und weht es am östlichen und engen Ende der Schlucht gar mächtig. Kraftvoll rückt die warme Morgensonne der nächtlichen Kälte am Grund des Taleinschnittes zu Leibe, so dass eine starke Aufwärtsströmung uns immer wieder minutenlang in Nebelbänke hüllt. Tie

Wie Perlen auf einer Kette reiht sich Kurve an Kurve an diesem Herbstmorgen. Meine Heizgriffe arbeiten auf »LOW« und wir düsen mit gehörigem Respekt vor dem Flickwerk der Straße dahin. Nach einiger Zeit erreichen wir an den so genannten Balcons de la Mescla die sicherlich spektakulärste und landschaftlich reizvollste Stelle des Canyons. Spontan steigen wir in die Eisen und lassen den Blick weit über die zackig wie ein Blitz geformte Schlucht schweifen. Von Süden kommend mündet der Fluss Artuby in den Verdon und sorgt mit seinen Wassern für neuen Schwung beim alten Herrn. Der Wildbach strömt an seinem oftmals sonnenlichtlosen Grund mit mineralischem Grün dahin und färbt am Ende seines Weges den Lac de St. Croix. Zu unseren Füßen treffen sich an den Balcons de la Mescla die Grande Gorge aus dem Osten, der Petit Canyon aus Westen und der Artuby-Canyon aus Süden, um sich fortan gen Westen zu dem wohl grandiosesten Abschnitt des Grand Canyon zu vereinen. Dessen immerhin 21 Kilometer lange Schlucht gilt mit ihren bis zu 700 Meter tiefen Felsabbrüchen als der spektakulärste aller französischen Canyons.

Sommerschlussgenuss

Die Panoramastraße des »Rive gauche«, stellenweise auch als »Corniche sublime« ausgeschildert, verlässt bei den Balcons de la Mescla den Verdon, um sich im Hinterland des Hochplateaus zu verlieren. Die gegenüberliegende unter uns im Dunst verborgen strömt der Verdon mit herbstlich schwachbrüstigem Rauschen dahin. Künstliche Stauseen am Nordende der Schlucht sowie der 1975 aufgestaute 2200 ha große Lac de St. Croix haben dem Verdon viel von seiner Urgewalt geraubt. Dennoch ist er bei Kanuten aus ganz Europa ein mit Ehrfurcht behandelter Fluss höchster Schwierigkeitsgrade. Und die das jetzt müde Rauschen des Wassers zu uns herauftragenden Felswände locken alljährlich Kletterer aus der ganzen Welt.

DUFTENDES GRASSE

Grasse – die berühmte Parfümstadt im Herzen der Provence, liegt nur 70 Kilometer entfernt vor den Toren der Cote d' Azur und lohnt in Kombination mit Cannes oder Nizza mehr als einen Tagesausflug. Auch für Männer ist die Besichtigung einer der zahlreichen traditionellen Parfümfabriken in Grasse durchaus interessant. Und im meist angegliederten Shop kann man auch heimlich für die beste Sozia der Welt zu Erzeugerpreisen ein duftes Geschenk besorgen. Infos unter www.ville-grasse.fr

Das Schloss von Aiguines in prachtvoller Aussichtslage über dem Lac de St.-Croix

Strecke des »Rive droit« folgt dagegen in engen Windungen weiter dem Wildbach. Sie bietet teilweise atemberaubende Einblicke in die Tiefe, die wir uns allerdings lieber für den nächsten Morgen aufheben wollen. Mit viel Zeit im Tankrucksack folgen wir daher gut gelaunt der kleinen Landstraße hinauf auf das Hochplateau. Über abgeerntete Getreidefelder und durch kühle Pinien- und Tannenwälder geht es schwungvoll voran. Spätsommerliche, fast schattenlose Schwüle breitet sich gegen Mittag um uns aus und lässt mich schnell auf die Idee kommen, den warmen Textildress gegen eine ärmellose Lederjacke zu tauschen.

In Castellane am Nordende des Canyons gönnen wir uns zwei super Früchteeisbecher, um die in den Helmen den ganzen Tag gut geheizten Köpfe zu kühlen. Ein 185 Meter hoher Felskegel mit einer winzigen Kapelle überragt das touristisch geprägte Dorf, dessen Bürgersteige wahrscheinlich bald für den kommenden Winter hochgeklappt werden. Die Herbstsonne steht bereits tief im Westen, als wir über das im Abendlicht glitzernde Schlösschen von Aiguines mit seinen bunten Turmdächern zurück zu unseren Zelten am Lac de St. Croix schwingen. Eine Orgie aus Rot und Gelb taucht den beliebten Badesee in eine grandiose Stimmung.

Ein neuer Morgen, strahlend wie sein Vorgänger, treibt uns früh aus den Zelten. Bevor wir uns den landschaftlichen und fahrerischen Highlights der anderen Seite des Grand Canyon zuwenden, räubern wir erst einmal ausgiebig durch das Hinterland. Auf kleinen Pisten abseits des Verkehrs geht es über Aups und Salernes nach Draguignan. Dessen typisch französische Betriebsamkeit passt so gar nicht in unser Konzept – wir lassen Honda und BMW die Zügel lang und düsen Richtung Norden.

COTE D'AZUR

Mit genügend Zeit im Tankrucksack empfiehlt es sich, eine herbstliche oder auch frühlingshafte Motorradreise durch die Haute-Provence mit ein paar Tagen an der Cote d'Azur zu kombinieren. Dort wo sich im Sommer auch heute noch Stars und Sternchen tummeln, geht es im März/April und Oktober/November deutlich gemütlicher zu. Nizza, Cannes und St. Tropez bieten gerade außerhalb der Hochsaison ihr unvergleichliches Flair pur, schnörkellos und nahezu ungeschminkt. Dazu gibt's gratis eine satte Portion mediterranes Feeling in mildem Klima. Infos unter www.cote.azur.fr

Linke Seite: Künstler und Kunsthandwerker prägen das sehenswerte Bergdorf Moustiers-St.-Marie am Lac de St.-Croix.

Der Lac de St.-Croix am Ende des Grand Canyon du Verdon. Mineralien färben das Wasser türkis.

Wenngleich größtenteils militärisches Übungsgebiet, kann man sich dennoch in der Gegend um das schmucke Örtchen Comps-sur-Artuby frei und unkontrolliert bewegen. Der Kurvenschwung über kleinste Straßen ist begeisternd, daher vergeht der Tag mal wieder viel zu schnell.

Kaum haben wir anderntags unsere Utensilien verstaut, lockt uns bereits das sehenswerte Bergdorf Moustiers-Sainte-Marie mit einem ausgedehnten französischen Frühstück und anschließendem Spaziergang durch die spektakulär steil an eine hohe Felswand gebauten engen Gassen. Bereits seit dem 5. Jahrhundert besiedelt, haben sich hier in den letzten Jahren viele Künstler und Kunsthandwerker niedergelassen. Sie sorgen mit ihren winzigen Lädchen in den Gassen für ein buntes, abwechslungsreiches Dorfbild.

Dann aber wird es allmählich Zeit. Die kräftige Herbstsonne steht fast im Zenit und das rechte Ufer der Grand-Canyon-Panoramastraße wartet. Eine gänzlich andere Landschaft, wilder und zerklüfteter, empfängt uns. Wieder einmal sind wir allein an diesem Herbstmorgen. Kein Auto, kein Reisebus stört die Stille der provençalischen Bergwelt und unseren Kurvenschwung. Kurz vor dem Örtchen La-Palud-sur-Verdon lockt uns ein uraltes Schild »Corniche des Crétes« noch näher an den Canyonrand. Ein 25 Kilometer langer, mit helmgroßen Schlaglöchern durchsetzter Weg folgt in spitzkehrenreichem Auf und Ab den Felswänden des Canyons. Teilweise spektakulär ausgesetzt geht es immer wieder auf Zentimeter an die Abbruchkanten heran und erlaubt schwindelfreien Menschen lange und tiefe Einblicke in die ansonsten nur Alpinisten und Vögeln zugängliche Schlucht.

Apropos Klettern: Auf dem Weg der Corniche des Crétes liegt ungefähr in der Mitte die im Sommer bewirtschaftete Schutzhütte Chalet Maline, von der aus man über Eisenleitern, Felsentreppen und durch die engen Tunnels des »Sentier Martel« bis auf den Grund der Schlucht gelangen kann.

Meine belederten Beine baumeln gerade über diesem Abgrund, während der Körperschwerpunkt sicher auf einem stabilen Felsblock ruht. Morgen wird es weitergehen, über die Parfümstadt Grasse werden wir hinunter nach Marseille und die westliche Cote d'Azur schwingen, um noch rasch ein paar Schwimmversuche im Mittelmeer zu wagen, Sonne und Wärme zu tanken als Erinnerung für kommende Winterabende.

Weit schweifen meine Blicke über die spätsommerliche Buschlandschaft der Haute-Provence. Allerorten ist inzwischen wieder Ruhe eingekehrt. Die Touristen, die im Sommer das Land bevölkern, sind heimgekehrt. Die Straßen sind wieder frei, die Hotels, Restaurants und Campingplätze beinahe leer – aber meist noch offen! Die Menschen haben wieder Zeit für einen Plausch mit dem Nachbarn, für ein kleines Gespräch mit den beiden Motorradlern aus Deutschland, die sich kurz vor dem ersten Schnee noch über die Alpen zu ihnen gewagt haben.

Für die Bauern im Umland ist es die Zeit der Ernte. Das Getreide muss gemäht und eingefahren werden, bevor Herbststürme die Früchte eines Sommers flachlegen. Auch der leckere Wein will von den schwer beladenen Reben. Es ist die Zeit der Besinnung, des Aufatmens nach getaner Arbeit. Überall kehren die Wochenmärkte wieder zu ihrer eigentlichen Bedeutung zurück. Die Tand- und Ramsch-Händler bleiben jetzt fort, haben Pause bis zum nächsten Frühling. Man ist wieder unter sich – jetzt im Spätherbst in der Haute-Provence. Zusammen mit dem Frühling ist es die schönste Zeit, dieses Land zu bereisen – vielleicht sogar die schönste!

LUST AUF EIN WENIG BEWEGUNG?

Am Rande der Corniche des Crétes liegt auch die im Sommer bewirtschaftete Schutzhütte Chalet Maline, von der aus man in – durchaus anstrengenden – fünf bis sechs Stunden über steile Eisenleitern, Felsentreppen und durch die engen Tunnels des »Sentier Martel« bis auf den grandiosen Grund der Schlucht gelangen kann. Doch Vorsicht. Dieser Weg ist wirklich nur etwas für Schwindelfreie mit guter Grundkondition. Zudem sollte man die Tour nur bei einwandfreien Wetterverhältnissen antreten, da plötzliche Wolkenbrüche das Wasser des Verdon überraschend anschwellen lassen können. Weitere Infos unter www.lapaludsurverdon.com

Abendstimmung am Lac de St.-Croix – Krönung eines Bikertages in der Haute-Provence

ALLGEMEINES
»La douce France« – das ist nicht nur das berühmte Südfrankreich rund um die Cote d'Azur. Das sind vor allem die urtümlich-wilden Landschaften der Haute-Provence. Gerade hier am Fuße der französischen Seealpen findet man eine Region aus kontrastreicher Natur, Pinienwäldern und tief eingeschnittenen Flusstälern in imposanten Gebirgsmassiven. Dazwischen liegen kleine Dörfer und kleinste Sträßchen mit ungezählten Kurven und in recht ordentlichem Zustand.

KLIMA / REISEZEIT
Mittelmeer und Atlantik machen in Frankreich das Wetter. Während der heißen, trockenen Sommermonate mildern die Verdunstung des Mittelmeeres und die oftmals kräftigen Mistralwinde die Hitze. Im Winter gibt das Meer seine gespeicherte Wärme wieder ab und sorgt für frostfreie Nächte. Der Frühling beginnt im März. Von Juni bis September fällt kaum Regen.

SCHÖNSTE REISEZEIT...
ist auf jeden Fall der Herbst ab Mitte September bis Ende Oktober. Aber auch das Frühjahr bis Anfang Mai hat seinen Reiz. Danach wird es ziemlich voll in der Haute-Provence.

MOTORRADFAHREN
Die Haute-Provence ist eine Landschaft zum Genussbiken. Liebliche Dörfer und Menschen, die sich über jeden Gast noch richtig freuen, würzen den Kurvenspaß. Und das Ganze natürlich stets im Angesicht aller großen französischen Alpenpässe. Aber das ist eine andere Geschichte aus diesem Buch. Tankstellen existieren ausschließlich in den größeren Ortschaften. Die eher seltenen Tankautomaten akzeptieren 10- und 20- Euro-Noten.

ATTRAKTIONEN
Natürlich ist der Grand Canyon du Verdon der Tourismusmagnet der gesamten Region. Aber auch Städtchen wie Grasse bieten lohnende Ziele für einen Tagesausflug. Umgeben von endlosen Blumen- und Lavendelfeldern, produzieren die Destillerien die Essenzen aller namhaften internationalen Parfümmarken. Einige kann man besichtigen. Aix-en-Provence, die historische Universitätsstadt am westlichen Rand der Haute-Provence strahlt eine heitere Gelassenheit aus. Touristen und Einheimische lieben das milde Klima und die »canissoun«, ein spezielles Aixer Mandelkonfekt. Im Frühjahr und Herbst lohnen sich einige Abstecher an die Küste nach Nizza, St. Tropez und Monaco.

ESSEN + TRINKEN
Die Küche ist typisch provençalisch. Vor allem in kleinen Restaurants wird mit viel Liebe gekocht. Überall gibt es Tages- und Wochenmärkte, auf denen Obst, Gemüse und Fisch frisch angeboten werden. Selbstversorger sollten Tante-Emma-Läden in den Seitengassen aufsuchen. Hier gibt es oftmals kleine Kostbarkeiten in Form schmackhafter Salate, herzhafter selbst gebackener Brote und hausgemachter Wurst.

ÜBERNACHTEN
Die touristische Infrastruktur in der Haute-Provence ist vollkommen ausreichend, allerorten existieren Gasthäuser und Hotels. Campingplätze gibt es ebenfalls in genügender Anzahl. Sie kosten je nach Ausstattung für Motorrad, Zelt und zwei Erwachsene zwischen 5,50 und 18 € pro Nacht.
Die Campingplätze rund um den Lac de St. Croix sind das Highlight eines Zelturlaubs. Zum Beispiel:
• **Camping Chanteraine**, 83630 Aiguines, Tel. 0033/ 494 70 22 16, E-Mail: chanteraine@free.fr,
• **Camping Les Pins**, 83630 Les Salles sur Verdon, Tel. 0033/498 10 23 80, E-Mail: camping.les. pins@wanadoo.fr
• Pensionen und Hotels verlangen zwischen 23 und 65 €. Freunde eines gemütlichen Hotels sollten sich in Grasse das **Mercure Hotel** unterhalb der historischen Altstadt anschauen, Rue Martine Carol St. Claude, 06130 Grasse, Tel: 0033/493 70 70 70, E-Mail: h0853@accor-hotels.com

GELD / KREDITKARTEN
Internationale Geldautomaten existieren nur in den Städten, Kreditkarten werden dort ebenfalls gerne akzeptiert. In den Dörfern zählt meist nur Bargeld.

ANREISE
Über Boden- und Genfer See geht es nach Grenoble und weiter über die RN 75 nach Sisteron sowie Digne und Castellane.

LITERATUR / LANDKARTEN
• Ralf Nestmeyers Reisehandbuch »Haute-Provence, Hautes-Alpes«, Verlag Michael Müller, Erlangen,
• Michelin Straßenkarte Nr. 528 »Provence, Cote d'Azur«, Maßstab 1:200 000, Michelin Reiseverlag.

WICHTIGE ADRESSEN
• **Maison de la France**, Zeppelinallee 37, 60325 Frankfurt, Tel. 0900/1570025, E-Mail: info.de@ franceguide. com
• **Maison des Alpes de Haute-Provence**, Immeuble François Mitterand, BP 170, 04005 Digne-Les-Bains Cedex, Tel. 0033/492315729, E-Mail: info@alpes-haute-provence.com, www.alpes-haute-provence.com

Noyers-
s.-J.
Peipin
Siron
1653
la Javie
le Brusquet
Colmars
Château-Arnoux
1141
Digne
2323
Beuavezer
Cruis
Malijai
Thorame Hte.
St. Michel-
Pexresque
Châteauredon
Forcalquier
Mézel
Route
Napoléon
Provence
Verdon
Alpes
de
Annot
Oraison
la Bégude-Blanche
la Sapée
1682
St. Julien-
du Verdon
Bg.e de
Castillon
Plateau
Route de la
Lavande
Moustiers-
Ste. Marie
Valensole
Castellane
Mourre de Chanier
Riez
1931
de Valensol
la Palud-
sur-Verdon
Allemagne-
en-Provence
Aiguines
Point
Sublime
Lac de
Ste. Croix
Gr. Canyon du Verdon
Gréoux-
les-Bains
Ste. Croix
de Verdon
Corniche Sublime
Bauduen
Col de Clavel
Quinson
Balcons
de la Mescla
la Bastide
Verdon
Canyon de l'Artuby
Comps-
sur-Artuby
Artuby
Ginasservis
Montmeyan
Aups
Route
10 km
Varages
Tavernes
Montferrat
Barjols
Salernes
Brue-Auriac
Flayosc
Darguignan
Seillons-
Source.d'Argens
Lorgues
Argens
Carces
le Muy
le Val
Tourves
Argens
Fréjus
Brignoles
Massif de la
Ste. Baume
le Luc
Besse-
sur-Issole
Flassans-
sur-Issole
Col de Gratteloup
225
Forcalqueiret
la Roquebrussanne
Massif de Maures

Pässesammeln im Ducati-Land

Ein Motorrad-Sommer in den italienischen Dolomiten ist kaum zu toppen. Alpiner Kurvenspaß, höchste Gipfel, traumhafte Täler und quicklebendige Städte machen süchtig – garantiert!

TOUR 7 DOLOMITEN

Es ist Sommer in Norditalien – nein, genauer gesagt Bikersommer, richtig praller Bikersommer im Land der Ferraristi und Ducatisti. Und obwohl ich selbst am nördlichen Alpenrand daheim bin, waren die italienischen Dolomiten auf meinen Reisen bislang ein weißer Fleck geblieben. Das ist sträflich, höchst sträflich und soll nun dringend korrigiert werden. Mit Zahnbürste, Scheckkarte, bester Sozia und einem knallroten, britischen Raubtier namens Triumph Tiger sind wir spontan aufgebrochen, um den weißen Fleck endlich mit den Farben der Erkenntnis zu kolorieren. Nach zügiger Anreise über den Brenner haben wir im italienischen Corvara mitten im Herzen der Dolomiten unsere bescheidenen Zelte aufgeschlagen. In unmittelbarer und imposanter Nachbarschaft zu Pordoi, Grödnerjoch, Sella und Falzarego. Schlafen und Essen werden nun eine Woche lang zu Nebensächlichkeiten degradiert und auf ein biologisch absolutes Minimum reduziert angesichts all der um uns liegenden Passfreuden. Die Vorfreude steigt angesichts eines klaren Sternenhimmels ins Grenzenlose.

Das Warm-up

Beim ersten Hahnenschrei sind wir auf den Beinen. Denn den gibt es tatsächlich noch im ansonsten recht touristisch geprägten Städtchen Corvara. Gleich neben unserer gemütlichen Pension in Form eines verständlich eitlen, weil prächtig bunten, italienischen Gockels. Punkt halb sieben Uhr morgens tritt er aus dem Stall und prüft lauthals die Lage. Die Sonne schickt derweil ihren ersten Glanz über die umliegenden Gipfel, da sitzen wir bereits beim raschen Frühstück und wenig später im Sattel der Tiger. Eine ordentliche Piste führt uns sozusagen als Warm-up mit 16 Prozent Steigung 650 Höhenmeter hinauf zum Grödnerjoch. Markante Felsgipfel ragen rechts und links des Lenkers in den natürlich azzurro-blauen Alpenhimmel über unseren Helmen, während wir erstes italienisches Schräglagen-Feeling genießen.

Die obligatorischen Andenkenläden auf der Passhöhe haben noch nicht einmal ihre Postkarten ins Freie gerollt, da treibe ich unsere Tiger bereits mit juckender Gashand zum nächsten Highlight. Die gesamte Land-

Der Weg ist das Ziel – die Tourenwahl am Falzarego fällt nicht leicht.

schaft dominierend schiebt sich der gewaltige Block der Sellagruppe unverwechselbar in unser Blickfeld. Von Osten kommend fahrerisch eher anspruchslos sind es vor allem die Ausblicke auf die umliegenden Dolomitengipfel, die uns nach jeder Kurve mehr begeistern. $CaMg(CO_3)_2$ nennen es die Chemiker oder auch »Dolomit«, das nach dem französischen Forscher Dolomieu benannte, hier sehr häufige Mineralgestein, das vor 40 Millionen Jahren dieses alpine Paradies nicht nur für Motorradfahrer formte.

Am Sellajoch südwestlich des gewaltigen Felsblocks treffen wir die ersten italienischen Bikerkollegen an diesem Morgen, die offensichtlich in der Passhütte auf 2213 Metern Höhe übernachtet haben. Drei Gipfelziegen stürzen sich umgehend auf uns in Erwartung einiger früher Streicheleinheiten und etwas Essbarem. Die Streicheleinheiten gehen klar, doch als Teile unserer Tagesverpflegung verfüttert werden sollen, blase ich – zugegeben recht eigennützig – zum sofortigen Aufbruch. In zahlreichen Spitzkehren schwingen wir hinunter nach Canazei, einem hübschen Bergdorf

Am Passo Falzarego trifft man sich gerne zu grenzenlosen Benzingesprächen.

auf 1465 Metern Höhe. Während die das Dorf teilende Hauptstraße fest in der Hand des Tourismus zu sein scheint, konnte sich vor allem in den Seitengassen so manch sehenswerte Ursprünglichkeit bewahren, die man allerdings nur zu Fuß erkunden sollte. Kaum lenkerbreite Stiegen und Wege bieten auch unserer ansonsten sehr wendigen Tiger keinerlei Bewegungsspielraum.

Über Pozza und den Passo di Costalunga wenden wir uns gen Westen, folgen einem Stück der Großen Dolomitenstraße. Diese perfekt ausgebaute Strecke schlängelt sich von Bozen durch das Val di Ega bis hinauf in die italienischen Hochalpen. Zwischen 1860 und 1909 erbaut, führt sie über das Pordoijoch und den Falzarego-Pass schließlich hinunter nach Cortina d'Ampezzo. Wir allerdings wechseln oben am Costalunga erst einmal die Richtung. Geradezu idyllisch geht es zu im Tierser Tal zu Füßen des Rosengartens, einem alpinen Kletterparadies. Alten Überlieferungen zufolge ist es die Heimat des legendären Zwergenkönigs Laurin, der lange Zeit über das hier angrenzende Südtirol herrschte. Aber das ist eine andere Geschichte... natürlich aus diesem Buch.

Wie ein Faustschlag trifft uns das Verkehrsgewühl, als wir aus der Stille des Rosengartens hinunter ins Eisacktal schwingen. Doch ein Blick auf das Roadbook bringt rasche Erlösung. Über Prösels, Castelrotto und Ortisei zweigen wir ab ins herrliche Val di Gardena, dem wohl bekanntesten Hochtal am westlichen Rand der Dolomiten. Auf 25 Kilometern Länge steigt

Bild Seite 84/85: Frühmorgens am Grödner Joch bei Corvara

Auf dem Falzarego-Pass lohnt sich das Absteigen – schon um den Blutdruck wieder zu senken...

Der Passo di Valparola – für britische Tiger und weiße Elefanten ein Genuss

die sanft geschwungene Landschaft gemütlich an zur gewaltigen Sellagruppe fern am Horizont. Der unvergessliche Luis Trenker wurde hier im malerischen Ortisei oder St. Ulrich geboren, lernte die hohe Kunst des alpinen Bergsteigens in den umliegenden Zwei- und Dreitausendern. Die Siedlungsgeschichte des Tales reicht weit über 8000 Jahre zurück, ja hier wurden vor einiger Zeit sogar die ältesten prähistorischen Werkzeuge der gesamten Dolomiten entdeckt. Und man ist sich dieser lang zurückreichenden Tradition durchaus bewusst. Im Grödnertal wird eine der ältesten rätoromanischen Sprachen aktiv gesprochen, das Ladinisch. Die fremdartig, aber sehr melodisch klingende Mixtur aus Volkslatein und Elementen des deutschen, französischen sowie italienischen Sprachraumes beherrscht bereits als Pflichtschulfach in Grödner Schulen das Miteinander der Menschen, denn nur so bleiben Traditionen lebendig. Die Sonne denkt bereits an ihren wohlverdienten Feierabend, als wir im Angesicht der Sellagipfel zurück in unser gastliches Corvara schwingen.

Die Qualifikation

Auch im Alta Badia, der südlichen Hochregion des von Bruneck kommenden Val Badia ist das Ladin die Sprache der Menschen. Seit der Eisenzeit besiedelt, von den Römern kolonialisiert und den bajuwarischen Germanen »befreit«, haben sich die Menschen hier im Grunde stets nur einer Macht jemals gebeugt: der grandiosen Natur ihrer Heimat. Seit Jahrhunderten bestimmt das Leben mit und in den Bergen das Denken und Handeln der Bewohner. Das Wissen um die natürlichen Zusammenhänge wurde bewahrt und von

Generation zu Generation weitergegeben. Kein Wald wird gerodet, wo Lawinengefahr besteht, kein Haus gebaut, wo reißende Bäche und berüchtigte Fallwinde lauern. Kaum ein Fenster existiert auch heutzutage an den sonnenlosen Nordseiten der traditionellen Häuser und ihre Dächer haben zur optimalen Schneelastverteilung genau 25° Neigung. Selbst der im 19. Jahrhundert allmählich einsetzende Tourismus konnte daran bis heute nichts ändern, konnte das Land und seine Menschen nicht ihrer Wurzeln und Traditionen berauben.

Wieder einmal ganz in der Früh sind wir anderntags unterwegs, um einen herrlich langen Bikersommertag durch den östlichen Teil der Dolomiten zu räubern. Über die bundesstraßenähnliche S244 schwingen wir durch das Alta Badia nach La Vila. Ein Abzweig zum Passo di Falzarego lässt meine Blutdruck trotz leichtem Koffeinmangel erwartungsvoll steigen. Noch reichen die Schlagschatten des La Varella-Gipfels bis hinunter auf die Piste, im Halbdunkel erklimmen wir allmählich die Höhe. Der vorgelagerte Passo di Valparola hat trotz seiner 80 Höhenmeter mehr redlich Mühe, in Nachbarschaft zum Falzarego und all den umliegenden großen Dolomitenpässen nicht völlig übersehen zu werden. Daran können auch die aufgesprühten Elefanten-Embleme an diesem Morgen nichts ändern, wir treiben unsere britische Reise-Enduro durch enge Felsschneisen bis zum Falzarego. Und das nicht nur, weil dort die Welt bereits im strahlenden Glanz einer Italo-Bikersonne liegt. Eine riesige Schafherde betätigt sich frühstückend als natürliche Rasenmäher vor grandioser Hochalpenkulisse, während die ersten Wanderer angesichts des avisierten heißen Tages ebenfalls früh ihre Stiefel schnüren.

Zwei Alternativen werben am Bikertreff des Falzarego um deren Gunst: der Kurvenspaß der Marmolada mit Passo Pordoi und Passo di Fedaia im Westen oder die östlichen Dolomiten mit Cortina d'Ampezzo, Passo Tres Croci und dem Geheimtipp Passo Giau. Wir entschließen uns, heute in Richtung Sonnenaufgang zu düsen. Mächtig gelb schiebt sich der bereits kräftig heizende Planet über das winzige Windshield unserer Tiger, als wir uns auf gut ausgebauter Piste vom Falzarego verab-

PRACHTVOLLES BRIXEN

Am Zusammenfluss von Eisack und Rienz liegt das über 1000-jährige Brixen mit seinen engen Gassen, gepflegten Bürgerhäusern, Laubengängen und Brücken. Lebendige Geschichte begleitet den Besucher auf Schritt und Tritt. Alleen und Parks säumen die Altstadt, Weingärten und Obstplantagen prägen die Architektur der Umgebung. Und inmitten dieser Pracht brummt das Leben. In Brixen ist immer irgendetwas los, von Altstadtfest über Konzerte bis zum Kellertheater. Infos unter www.brixen.org

Bikertreff am Sellajoch – ein unbedingtes Muss einer jeden Dolomiten-Runde

schieden. Bereitwillig lasse ich dem Bike die Zügel lang, herrliche Rechts-Links-Kombinationen versetzen uns in perfekte Stimmung.

Den Erzählungen und begeisterten Berichten wiederum des Forschers Dolomieu hat auch das heutzutage mondäne Cortina d'Ampezzo die Wurzeln seines Weltrufes zu verdanken. Denn Dolomieu war es, der bei jeder Gelegenheit von der einzigartigen Lage des zu seiner Zeit eher verschlafenen Bergdorfes schwärmte und damit im Laufe der Jahrzehnte Stars und Sternchen, Politiker und Schriftsteller in den verheißungsvollen Osten der italienischen Dolomiten lockte. Heutzutage hauptsächlich Zentrum des weißen Sports hat die Stadt im Herzen des Valle d'Ampezzo aber auch im Sommer so manches zu bieten. Und das wissen an diesem Morgen augenscheinlich vor allem auch die Italiener. Die Sommerferien sind angebrochen und Cortina platzt verkehrstechnisch aus den Nähten. Aus allen Ecken des Stiefels kommen die Menschen auf der Suche nach einem Quartier. Der prüfende Blick auf die mitgeführte Karte lässt uns einen Ausweg in Form eines winzigen Sträßleins hinauf zum Passo Giau erahnen. Spontan setze ich den Blinker rechts und wir tauchen ab. 55 Kehren bester alpenländischer Qualität bietet dieser vor allem unter italienischen Bikern noch als Geheimtipp gehandelte Pass. Und wahrlich, selbst der eher harmlose Anstieg von Osten beschert unserem Gleichgewichtssinn prächtigste Gefühlsschwankungen.

BRIXENER DOLOMITENSTRASSE

Die Brixener Dolomitenstraße führt auf 30 kurvigen Kilometern durch die nördlichen Ausläufer der Dolomiten über das Würzjoch nach San Martino in Badia und damit wieder zurück in das eigentliche Thema dieser Geschichte. Nicht ganz so spektakulär, wie die großen Touren um Sella, Falzarego und Pordoi, aber dennoch einen Abstecher wert. Zumal, wenn man sowieso den Tag in Brixen (www.brixen.org) verbracht hat.

Auf dem Weg zum Passo Valparola – hier gibt's Pizza Dolomiti mit einer satten Extraportion Kurvenspaß.

Die Krönung

Drei britische Zylinder, gedrosselt auf immer noch brachiale 98 Pferdestärken, ziehen nach jeder Spitzkehre meine Unterarme in die Länge, während ich meine beste Sozia verlustfrei und sicher eingeklemmt zwischen meinem Rücken und dem Topcase spüre. Gerade einmal eine Hand voll Wanderer teilen sich den 2233 m hoch gelegenen Pass an diesem Tag mit einer nicht abreißenden Schar italienischer Biker, die in offensichtlich bester Urlaubsstimmung ordentlich Kniepads raspeln wollen. Ein Vorhaben, das ihnen angesichts perfektem Grip auch in unzähligen Kurven gelingt. Viel zu schnell haben selbst

55 Kehren ein Ende. Mit einer leckeren, eiskaffeehaltigen Verschnaufpause holen wir in Selva Schwung für die kleinen Brüder des Giau, den Passo Staulanza und Passo Duran. Gleichwohl beide mit Höhen um 1600 m im Vergleich zu den Großen der Dolomiten eher fahrerische Appetizer sind, lohnt es dennoch, sie zu entdecken. Es dunkelt bereits mächtig, als wir den Gipfeln der Marmolada versprechen, gleich morgen vorbeizuschauen. Und Versprechen müssen bekanntlich gehalten werden – nicht nur hier in den Dolomiten.

Mit Sack und Pack und schweren Herzens verabschieden wir uns anderntags von unserer gastlichen Pensionsfamilie und natürlich dem wackeren, stimmgewaltigen Dolomiten-Gockel auf des Nachbars Misthaufen. Fedaia und Pordoi, zwei Pässe, die keinesfalls in Bikers Memoiren fehlen dürfen, stehen zum Abschluss auch auf unserer Tankkarte. Das Ganze garniert mit der Südwestrampe des Giau, um Bikers Blutdruck nochmals so richtig in Schwung zu bringen. Selbst vollbeladen mit Gepäck und zwei Personen schwächelt unsere Tiger keinen Augenblick, als wir Corvara Richtung Süden verlassen. Ein letzter Blick zurück und Biker wie Sozia geben unisono das Versprechen, eine garantiert grandiose herbstliche Saisonabschlusstour durch die Dolomiten ganz fest im Hinterkopf zu planen. Dann erklimmen wir bereits den kleinen Passo Campolongo und schwingen durch eine richtig heile Bergwelt hinunter nach Arabba, dem noch dösenden Wintersportort zu Füßen des Passo Pordoi.

58 Kehren zählt die Statistik am Passo Pordoi auf beiden Seiten und in der Gewissheit der schnellen Vergänglichkeit unserer Urlaubstage genießen wir an diesem Sommermorgen im August jede einzelne besonders intensiv. Anfänglich geht es durch lichten Mischwald, doch bald schon ist die Baumgrenze erreicht. Nichts außer blankem Fels und sattgrünen Hochalmen begrenzt den schweifenden Blick. Überwältigt von der imposanten Schönheit dieser norditalienischen Bergwelt stelle ich die Triumph am Gipfelhotel des Pordoi ab, wir setzen uns ins Gras und lassen die Seele ein wenig mit den Beinen baumeln. Ganz tief Luft holen und möglichst viele

Die gewaltige Staumauer am Passo Fedaia bremst die Schmelzwasser der Marmolada.

Bild Seite 90/91: Morgenstimmung in den Dolomiten – bereits der Weg hinauf zum Grödner Joch macht richtig Laune.

PUSTERTALER PERLE

Nach Süden hin zieht sich das Gadertal in die Bergwelt der Dolomiten, nach Norden mündet das Ahrntal in die Gletscherwelt der Zillertaler Alpen – und mittendrin im Herzen liegt Bruneck. 1256 erstmals urkundlich erwähnt, nennt sich das Städtchen heutzutage »Perle des Pustertales«. Ein sehenswerter historischer Kern umgeben von vielfältiger, abwechslungsreicher Landschaft – geradezu prädestiniert für einen Tagesausflug oder auch den lohnenden Abstecher auf der Heimreise. Infos unter www.bruneck.com

Bilder und Impressionen im Langzeitspeicher des behelmten Kopfes ablegen, lautet die Devise. Noch einmal tuckern wir im Schritt-Tempo anschließend durch das hübsche Canazei, doch diesmal geht es gleich am Ortsausgang zurück in Richtung Osten. Denn wir haben noch ein Date. Der Passo di Fedaia mit hauseigenem Gletscher wartet auf uns. Idyllische Pausenplätzchen am Straßenrand wollen unseren Kurvenschwung drosseln, immer wieder haben sich italienische Landschaftsarchitekten richtig Mühe gegeben, dem Reisenden das Abschiednehmen fürchterlich schwer zu machen. Dann liegt er vor uns, der gewaltige Marmolada-Gletscher inmitten gigantischer Felsregionen. Deutlich zu sehen sind die Spuren dieses heißen Sommers. In rauschenden Sturzbächen taut das Jahrhunderte alte Eis und strömt zu Tal. Der zu Füßen des Gletschers liegende Speichersee ist randvoll mit eiskaltem Schmelzwasser. Erst ein niederschlagreicher Winter wird die Verluste wieder ersetzen können. Ganz am Ende der gewaltigen Staumauer geht touristisch der Punk ab. Wanderungen führen von hier aus bis hinauf in die Gletscherwelten der Marmolada, Kneipen und kleine Restaurants haben sich zu einem beliebten Treff vor allem auch italienischer Biker entwickelt.

Auch wir genießen bei zwei leckeren Portionen Pasta und Cappuccino die grandiose Aussicht auf die umliegenden Felsregionen. Als sich allerdings auf der für den Verkehr frei-

Pässesammeln macht in den italienischen Dolomiten ganz besonderen Spaß – vor allem auf zwei Rädern.

gegebenen Staumauer Wohnmobile zu stapeln beginnen und ein Vorbeikommen selbst auf zwei Rädern nahezu unmöglich wird, blasen wir zum Aufbruch. Die Sonne hat bereits den Zenit überschritten, als wir uns über Sottoguda und das winzige Bergnest von Colle Sta. Lucia zum krönenden Tourenabschluss der Südwestflanke des Passo Giau widmen. Ein letztes Mal steigen Kühlertemperatur, Öl- und Blutdruck deutlich an, ein letztes Mal tanzen Mensch und Motorrad in perfektem Kurvenschwung durch eine herrliche Bergwelt.

Dann wird es leider Zeit, Abschied zu nehmen. Über Cortina d'Ampezzo, den leicht zu übersehenden, weil unspektakulären Passo Tre Croci schwingen wir zum herrlich gelegenen Lago Misurina. Gekrönt von den drei Felszinnen von Lavaredo bezeichnet sich das Dorf gerne als »die Perle der Dolomiten«. Zumindest unter diesem geradezu überirdisch blauen Italo-Himmel durchaus nachvollziehbar. Mit ihrem grandiosen Anblick gespeichert im Herzen und auf Chipkarte treibe ich unser britisches Raubtier spätabends Richtung Brunico, Brenner und Heimat.

Tornante – italienisches Zauberwort für grenzenloses Kurvenvergnügen

Doch dieser pralle Bikersommer in den Dolomiten wird ganz bestimmt für immer unvergesslich bleiben. Und ein Tankrucksack voller Pläne bleibt auch hier zurück ...

Der Lago Misurina mit herrlich gelegenem Hotel – eine der Perlen der italienischen Dolomiten

ALLGEMEINES

»Dort, wo hohe Felstürme die engen Täler umrahmen und grüne Wiesen den Horizont begrenzen ...«. Die Region der italienischen Dolomiten ist alpin und lieblich zugleich. Eine wahrlich süchtig machende Mixtur. Vor 40 Millionen Jahren faltete sich der ehemalige Meeresboden, trieb seine Gipfel dreitausend Meter und mehr in die Höhe. In den Tälern entstanden ganz unterschiedliche Kulturen, kleine Mikrokosmen, die eines aber auch heute noch gemeinsam haben: ihre tief verwurzelte Verbundenheit mit den Bergen. Das Ganze natürlich mit einem kräftigen Schuss typisch italienischer Mentalität und Lebensfreude.

KLIMA / REISEZEIT

Das Klima in den Dolomiten ist wie seine Landschaft – alpin. Schneesichere Winter machen die meisten Dolomitenpässe von November bis April nur eingeschränkt befahrbar. Der kurze, aber intensive Bergfrühling beginnt Anfang Mai und geht rasch in einen prächtigen Dolomitensommer über. Ab September riecht es auf den Pässen wieder intensiv nach Schnee. Im Oktober sollte man zumindest mit weißen Überraschungen rechnen. Die Sommertemperaturen liegen zwischen 20 und 24° C, richtig heiß wird es höchstens in den Tälern. Stabile Hochdrucklagen von Mai bis August machen die klimatische Tourenplanung meist zum Kinderspiel.

SCHÖNSTE REISEZEIT...

ist für die Dolomiten der frühe Sommer zwischen Mai und Ende Juni, vor Beginn der europäischen Sommerferien. Zur Hauptreisezeit im August stehen manche Dolomitenpässe aufgrund ihrer Beliebtheit gerade auch bei Italienern kurz vor dem Verkehrskollaps.

MOTORRADFAHREN

Alpine Erfahrung ist Grundvoraussetzung für unbeschwerten Kurvengenuss in den Dolomiten. Zwar sind viele Pässe für LKW und auch Wohnwagen-Gespanne gesperrt, doch Wohnmobile und überforderte PKW-Lenker verlangen unsere volle Aufmerksamkeit, da sollte die Beherrschung des eigenen Bikes nicht noch zusätzliche Energie kosten. Alle namhaften Pässe, wie Falzarego, Sella und Pordoi sind beliebte Bikertreffs. Gelegenheiten zu grenzüberschreitenden Benzingesprächen gibt es zuhauf. Die Straßenzustände reichen von sehr gut bis ordentlich und eignen sich perfekt für ausgiebige Kurvenhatz. Wer es gemütlicher mag, sollte sich daran gewöhnen, vor allem von Ducatisti pausenlos überrundet zu werden. Tankstellen existieren nur in größeren Orten und haben unregelmäßige Öffnungszeiten. Die Mittagspause zwischen 12 und 15 Uhr ist obligat, Tankautomaten akzeptieren Scheine zu 10 und 20 Euro.

ATTRAKTIONEN

Die sehenswerten Städte bieten vor allem nach einem ereignisreichen Bikertag alle Annehmlichkeiten, die man sich als redlich müder Reisender wünscht, zumal die gesamte Dolomitenregion im Grunde vom Tourismus lebt. Für die gesunde Bewegung existiert ein dichtes Netz an Wanderwegen, wer sich die Dolomiten gerne einmal aus der Vogelperspektive anschauen möchte, kann dies bei Gleitschirm- und Drachen-Tandemflügen genießen. Und wem die mit dem Motorrad erreichbaren Passhöhen immer noch zu niedrig sind, der kann mit Seilbahnen die noch fehlenden Höhenmeter erklimmen. Oben erwarten ihn Panorama-Restaurants und Berghütten in grandioser Aussichtslage.

ESSEN + TRINKEN

Die Küche der Dolomitenregion ist kräftig-deftig, denn wir befinden uns im Pizza & Pasta-Land. Teigwaren in mannigfaltigen Variationen, Fleisch und Gemüse bestimmen die Speisekarten der Restaurants. Dass ein hervorragender Pizzabäcker selten auch Fleischgerichte feinschmeckerkonform zubereiten kann, diese Regel gilt allerdings auch für die Dolomiten. Wenn sie also Lust auf eine gute Pizza haben, wählen sie die Pizzeria, in der ab 20 Uhr die meisten Italiener speisen. Freunde guter Fleischgerichte sollten dagegen für diesen Genuss niemals eine Pizzeria wählen. Die Weine des Alta Badia und Alto Adige sind vollmundig, etwas herb wie das Land und passend zu jedem Gericht. Die Preise für ein Abendessen mit Wein liegen zwischen 15 und 30 € pro Person, für die Bergwelt »exotische« Gerichte, wie frischer Fisch sind verständlicherweise deutlich teurer.

ÜBERNACHTEN

Die Bandbreite reicht von einfachen Wander- und Berghütten auf den Pässen über Frühstückspensionen, Ferienwohnungen bis zu edlen Hotels mit allem Komfort. Wer lieber spontan bucht, sollte die örtliche Associazione Turistica aufsuchen. Hier hält man meistens topaktuelle Informationen über freie Betten und Zimmer parat und ist bei der Kontaktaufnahme respektive Buchung behilflich.

• Wie zu Hause gefühlt haben wir uns in Corvara in der familiengeführten Frühstückspension »**Villa Margit**«, Str. Agá 10, 39033 Corvara in Badia, Tel. 0039/471 83 60 57, Fax 0039/471 83 66 99.

• Einen ebenfalls gemütlichen Eindruck hat in Cortina das **Hotel Trieste** am Rande des Zentrums

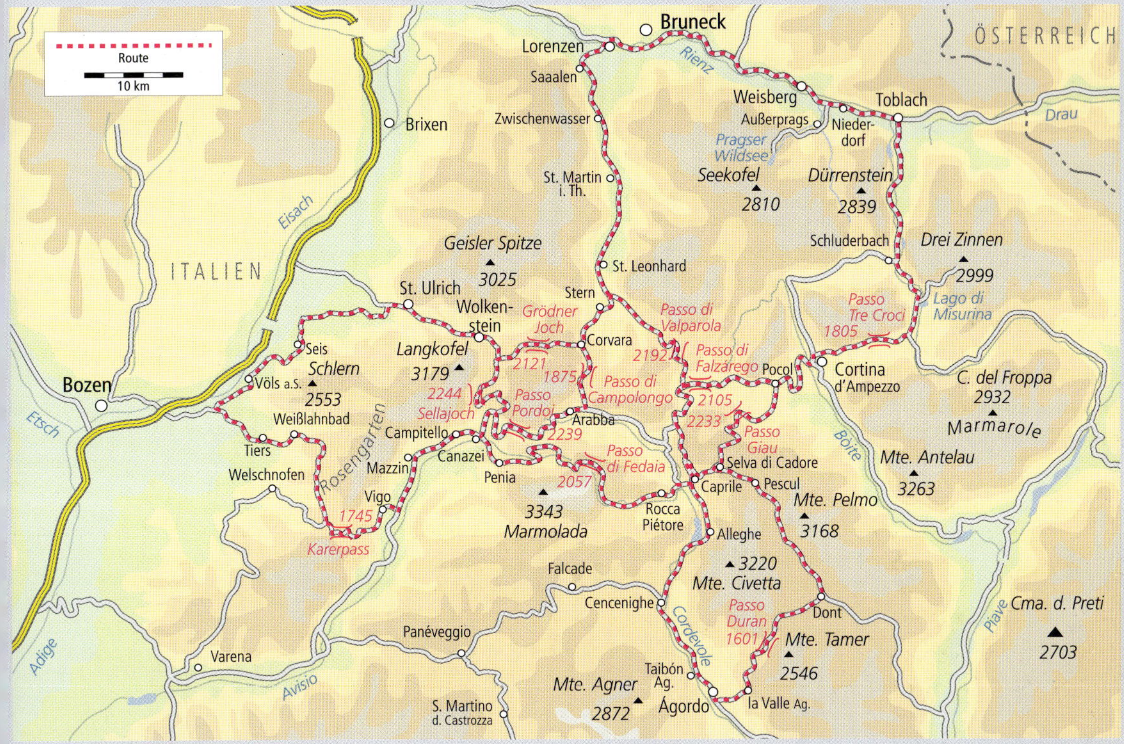

inmitten eines schönen Gartens hinterlassen. Via Maion, 28, 32043 Cortina d'Ampezzo, Tel. 0039/436 22 45, E-Mail: info@hoteltriestecortina.it

• **Hotel de la Poste** in den historischen Gemäuern einer 1835 gegründeten Poststation. Hier kann jeder Holzbalken eine Geschichte erzählen. Piazza Roma, 14, 32043 Cortina d'Ampezzo, Tel: 0039/436 42 71, E-Mail: info@delaposte.it

GELD / KREDITKARTEN

Auch hier gilt natürlich der Euro als einziges Zahlungsmittel. Die Preise liegen nicht zuletzt aufgrund der Beliebtheit der Region bis zu zehn Prozent über dem deutschen Niveau. Internationale EC-Geldautomaten gibt es zahlreich in den Städten sowie ab und zu auch in den Bergdörfern. Kreditkarten werden in Hotels gerne akzeptiert, in Restaurants, Pensionen und vor allem in den Bergdörfern wird Bargeld aber wesentlich lieber gesehen.

ANREISE

Über Innsbruck, den Brenner, Brixen und das Grödnertal ist Corvara im Herzen der Dolomiten bequem zu erreichen. Für eine Autobahnbenutzung fallen in Österreich 4,30 € für die Zehn-Tages- beziehungsweise 10,90 € für die Zwei-Monats-Vignette an, in Italien 4,30 € für die Strecke Brenner-Bozen. Die Benutzung der Brennerautobahn selbst kostet in Österreich separate acht Euro.

LITERATUR / LANDKARTEN

• Freunde grandioser Bilder sollten sich Reinhold Messners Reminiszenz an seine Kletterheimat gönnen, das Buch »Dolomiten« aus dem Bucher Verlag,

• Als Straßenkarten eignen sich die Generalkarte »Südtirol, Dolomiten, Trentino« im Maßstab 1:200 000, Mairs Geographischer Verlag, und die Geocenter Good-Vibrations-Karte »Tirol, Dolomiten, Trentino, Gardasee« im Maßstab 1:300 000.

WICHTIGE ADRESSEN

• **Associazione Turistica Corvara**, Col Alt, 36, 39033 Corvara, Tel. 0039/471 83 61 76, Fax 471 83 65 40, E-Mail: corvara@altabadia.org www.altabadia.org

• **Associazione Albergatori di Cortina**, Via Marconi 15/B, 32043 Cortina d'Ampezzo (BL), Tel. 0039/436 86 20 13, Fax 436 4311, E-Mail: assalb@ hotels.cortina.it

Alpen-Frühling

Wenn sich der Winter endlich wieder zurückgezogen hat, dann lockt Südtirol, das Alto Adige, mit Motorradgenuss vom Feinsten inmitten satter Farben und prächtiger Landschaften. Und als Nachspeise gibt's spannende Geschichten.

Bild Seite 98/99: Eiszeit auf dem Rückzug: Der Winter spielt bereits im März/April in den sonnenverwöhnten Tälern Südtirols keine Rolle mehr.

Für Rennsemmler und Genießer gleichfalls optimal – der Jaufenpass vor den Toren Sterzings

Der sagenumwobene Zwergenkönig Laurin habe sie erschaffen, heißt es in alten Überlieferungen. Zum Schutz seines berühmten Rosengartens ließ er diese uneinnehmbaren Felswände entstehen. Doch eines Tages kamen wilde Horden – na, woher wohl? – aus dem germanischen Norden. Mordend und plündernd drangen sie tief in das Herz Tirols bis in das Reich des Zwergenkönigs. Laurin allerdings vermöbelte die Wilden mit Hilfe eines Zaubergürtels, der ihm die Kraft von zwölf Männern verlieh. Aber die Germanen sannen auf Rache und in einem heimtückischen Handstreich zerstörten sie seine geliebte Rosenpracht. Laurins Rache war fürchterlich. Mit ausgestreuten Goldstücken lockte er die Vandalen in unterirdische Felsenlabyrinthe, bis niemand mehr den Weg nach draußen fand. Dann blendete er ihre Augen, auf dass sie von nun an in völliger Finsternis in ihren Verließen um Gnade bettelnd dahinvegetierten. Auch heute noch soll man in ganz besonders stillen Sommernächten ihr Rufen und Bitten hören können. Ferne, müde Männerstimmen, die der Talwind von den hohen Felsenwänden des Rosengartens herüberweht…

Was mir allerdings an diesem Frühlingsnachmittag entgegenweht, sind keine müden Männerstimmen, sondern eine mächtige Gewitterwand, die sich über die im Abendsonnenschein liegenden Steilwände des Rosengartens geradewegs auf mich zu bewegt. Bedrohlich und faszinierend zugleich produ-

ziert sie mächtiges Donnergrollen, das sich an den umliegenden Felsen zigfach bricht. Riesige Cumulonimbuswolken quellen zu gewaltigen grauen Türmen und verheißen nichts Gutes. Ich entschließe mich, mir schleunigst ein Nachtquartier zu suchen.

Im gerade durchquerten Tiers im Herzen des gleichnamigen Tales werde ich rasch fündig. Kurz darauf öffnen sich mit einem wahren Paukenschlag des Himmels Schleusen und lassen die Welt im Regengrau versinken. Erinnerungen an meinen Aufbruch vor ein paar Tagen werden wach...

Saisoneröffnung mit Paukenschlag

Wieder einmal einen langen Atem hatte dieser letzte Winter. Wochenlang zog richtiges Schmuddelwetter durchs Land, ehe der Frühling die Oberhand gewann und ich mit obligatorischer Zahnbürste und Scheckkarte endlich zu meiner Saisoneröffnungstour aufbrechen konnte. Südtirol stand groß und fett auf meinem Roadbook. Verwöhnt von mediterranen Winden aus dem Süden und gesegnet mit fruchtbarsten Tälern, bietet das Land zwischen Brenner und Lago di Garda gerade im Frühling Genuss für Augen und Seele.

Dass vor jedem Genuss erst einmal harte Arbeit wartet, ist ja bekannt. Über ein verregnetes Innsbruck geht es die glitschigen Kurven der alten Brennerstraße hinauf bis zum bekanntesten Pass der Alpen. Erst kurz vor Matrei reißen die Wolken urplötzlich auf und Sterzing an der Öffnung des Eisacktales begrüßt mich bereits mit weißblauem Strahlehimmel. Der für den Verkehr gesperrte historische Stadtkern Sterzings ist auf jeden Fall eine Besichtigung wert, aber mich lockt an diesem Tag erst einmal der Jaufenpass mit seinen 2100 Höhenmetern – seit prähistorischer Zeit ein beliebter Übergang ins Passeier Tal sowie ins Meraner Becken. Recht unspektakulär schwingt sich die auskömmlich breite Straße Kurve um Kurve durch die bewaldeten Ausläufer der Jaufenspitze. Erst kurz vor der Passhöhe öffnet sich der Wald und gibt den Blick auf den latschen- und flechtenbedeckten Bergrücken frei. Fest in Motorradfahrerhand empfängt mich an diesem Frühlingsnachmittag das Gasthaus am Jaufen unterhalb des Passes. Ein

Dem Himmel ganz nah: Am Penser Joch weitet sich des Bikers Seele ganz von allein.

ganz klein wenig Applaus wäre schon nett gewesen, als ich meine beladene Transalp unter den kritischen Blicken der Bikerkollegen in die Rechtskurve lege. Doch zwei entgegenkommende Ninjaisten mit – zugegeben – wesentlich spektakulärerer Kurvenlage stehlen mir die Schau. Am Scheitelpunkt des Passes heißt es anhalten und Aussicht genießen. Nach Norden im Mittagssonnenschein erstrecken sich die herrlich anzuschauende Zweieinhalbtausender der Stubaier Alpen. Im Osten verschwinden die Ausläufer der Sarntaler Berge im leichten Dunst.

Das Val Passira empfängt mich bei St. Leonhard bereits mit mediterranen Düften und

MERAN

Meran, die heimliche Landeshauptstadt Südtirols, bietet sich als Ausgangspunkt für die Erkundungen Südtirols geradezu an, liegt sie doch geografisch mitten im Thema. Während der historische Kern des Luftkurortes geprägt wird durch vornehme Hotels am Rande gepflegter, weitläufiger Parks, findet man in den Vororten traditionelle, ursprüngliche Gastfreundlichkeit. Einen langen Bikertag durch Südtiroler Gefilde abends im milden Klima Merans ausklingen zu lassen – das hat schon etwas von »Dolce far niente«. Infos unter www.meraninfo.it

BOZEN

Bereits die Römer fühlten sich im Bozener Raum wohl und gründeten hier eines ihrer wichtigen Kastelle zur Kontrolle der Handelswege über den Brenner. Die eigentliche Stadt Bozen wurde im 12. und 13. Jahrhundert erbaut. Heutzutage kann Bozen durchaus spalten: Für die einen ist es eine lebendige Metropole inmitten des herrlichen Südtiroler Klimas, für die anderen ein täglich im Verkehr erstickender Moloch. Doch eines ist sicher: Bozen ist es wert, sich bei einem Tagesausflug eine eigene Meinung zu bilden. Ganz besonders im historischen Zentrum findet sich auch heute noch viel Ursprüngliches. Infos unter www.bolzano-bozen.it

sattem Grün. Alles steht in voller Blüte für einen grandiosen Saisonauftakt. Richtung Meran blüht südeuropäische Flora neben Obstbäumen und Weinreben. Ab Saltaus im Hinterpasseier, wenn sich das Tal verengt, beherrschen der Getreideanbau und die Viehzucht das Landschaftsbild. Und ganz am Ende, dort wo sich die Hochgebirgsregion des Timmelsjochs anschließt, finden sich karge Alpenrosenfelder unter den mächtigen, weit herabreichenden Gletschern der Stubaier und Ötztaler Alpen.

Apropos Timmelsjoch! Ein jahrhundertealter Fernhandelsweg zwischen Innsbruck und Bozen durch das Passeier Tal gab dem harten Menschenschlag lange Zeit Arbeit und Brot. Mit Pferden, Mulis und auf dem eigenen Rücken wurden die Waren transportiert. Ende des 19. Jahrhunderts baute man die erste befestigte Straße durch das gesamte Tal und um 1950 begann das gewaltige Projekt der Timmelsjochstraße, die 1968 fertig gestellt wurde. In ungezählten, großzügigen Kehren erklimmen die Honda und ich das Joch in Gesellschaft vieler anderer Motorradler. Oben angekommen bietet ein großer Parkplatz Gelegenheit für Entspannungszigaretten und ausgiebige Benzingespräche. Die Ötztaler Alpen stellen dazu die perfekte Kulisse bereit. Erst eine tief stehende Sonne erinnert mich daran, dass ich noch kein Zimmer für die Nacht habe. In Algund, einem kleinen schnieken Vorort von Meran, werde ich fündig und schäle mich aufrichtig müde aus dem Leder.

Karge Gipfelwelten: Kein Baum, kein Strauch wächst mehr auf 2200 Metern im oberen Sarntal.

Die Rampe zum Timmelsjoch – ein alter Weg der Säumer und Transporteure – ist heute beliebte Bikerstrecke.

Ein strahlender Morgen erwartet mich anderntags. Schnalstal und Reschenpass stehen auf dem Speiseplan, kreuz und quer geht es durch die horizontweiten Obstplantagen des Vinschgaus. Knapp 800 000 Tonnen Äpfel produzieren Südtirols Monokulturen Jahr für Jahr, sofern weder Frühjahrsfrost noch Spätsommerhagel einen Strich durch die Rechnung machen. Im Herbst sorgfältig von Hand gepflückt, wandern sie zunächst in riesige Kühlhäuser, um im Winter zu saftigen Preisen auf den Tisch der EU zu gelangen. Hoch über all diesem profitablen Geschäft mit der gesunden Ernährung thront Burg Juval. Reinhold Messners stattlicher Sommerwohnsitz, vor Jahren in baufälligem Zustand, dafür spottbillig erworben und restauriert, liegt gute 200 Höhenmeter über dem Etschtal in imposanter Lage. Ein Öko-Bauernhof liefert die Zutaten zu den in der Schlosswirtschaft ab und zu angebotenen Yak-Steaks, einer kleinen Reminiszenz an Messners Himalaya-Expeditionen.

Burg Juval bewacht zudem die enge Eingangsschlucht ins Schnalstal, dessen Besichtigung unbedingt zu empfehlen ist. Vorsichtig taste ich mich durch den düsteren Einschnitt. Mehrere Tunnels sowie spektakulär in die Felsen gesprengte Trassen führen heutzutage vergleichbar bequem in das Tal, mitten hinein in das Herz der ältesten Bergbauernkultur Tirols. Erst beim Weiler Ratteis nach 4 km öffnet sich die Schlucht und gibt den Blick frei auf die hoch über dem Talboden auf einem Felsenvorsprung thronende Pfarrkirche Katharinaberg.

Bei Karthaus weitet sich das Tal nochmals deutlich und ermöglicht freie Sicht auf die Dreieinhalbtausender der Texelgruppe im Osten, einem alpinen Naturreservat, das nur zu Fuß erkundet werden kann. Die einzige Straße des Schnalstales steigt nun stetig an. Rechts und links pressen sich Bergbauernhöfe eng an die Felswände, deren steile Felder auch heute noch in alter Tradition von Hand bewirtschaftet werden.

Lust auf eine Runde Offroad? So manche Piste gestattet auch ein paar Enduro-Einlagen.

Spektakuläre Berühmtheiten

Am plötzlichen Talschluss döst nicht nur der künstlich wirkende Skiort Kurzras dem nächsten, hoffentlich sehr fernen Winter entgegen. Hier ganz in der Nähe ist auch der Fundort des legendären Ötzis, dieser mumifizierten Gletscherleiche aus den Anfängen der Menschheit. Und er ist mit Abstand der meistfotografie teste Kirchturm Europas, wenn nicht sogar de ganzen Welt – der Kirchturm von Alt-Graun ir Reschensee am westlichen Zipfel des Vinsch gaus. Dabei hat er gar nichts Besonderes. Ein verwitterte Steinfassade, die Farbe der allmäh lich verblassenden Malereien bröckelt unau haltsam, die Uhr fehlt schon seit fünfzig Jah ren. Dennoch, irgendeinen geheimnisvolle Reiz strahlt er zweifelsohne aus. Im herrliche Sonnenschein gelegen, krönt sein Postkarter anblick auch meine unspektakuläre Fahrt übe den bundesstraßenähnlich ausgebaute Reschenpass. Nicht nur die Tatsache, dass e wirtschaftliche Interessen 1949 schafften, di Einwohner eines kompletten Dorfes zwangs zuenteignen und mit der Flutung des Stausee dieses Dorf bis auf den Kirchturm in den Was sern versinken zu lassen, gibt diesem Ort da besondere Flair.

Erste Wolken trüben meinen Blick Richtun Süden. Fette Cumulushaufen quellen um di Stirn des Monte Scorluzzo. Den Reschenpas hinunter geht's im Sauseschritt, vorbei an de riesigen, noch heute bedrohlich wirkende Bunkeranlagen des Ersten Weltkrieges, welch die strategische Lage des Passes verdeut lichen. Zurück im Tal der Etsch empfängt mic warmer Abendsonnenschein und ein milde Lüftchen aus Westen treibt mich schwungvo zurück nach Meran. Dort lasse ich den Tag be einer riesenhaften Outdoor-Pizza direkt an de Uferpromenade ausklingen.

Abschied im Frühtau

Der Abschied anderntags fällt sichtlich schwe Doch gar zu verlockend leuchten mir di nächsten Stationen auf meinen Tourenpla entgegen. Nach einem Abstecher ins Sarnta soll es weitergehen in die kleinen Täler östlic des Eisacks.

Weit, wirklich weit schweifen meine Blick oben am Sattel des Penser Jochs auf 2200 m Gen Süden liegen die Sarntaler Alpen mi ihren kargen Höhenzügen unter tiefblauen Mittagshimmel, im Westen und Osten di imposanten Gipfel der Etschen- und Tatsch spitze sowie des Corno Bianco, des Weißhorns Kein Baum, kein Strauch, der meinen Blic begrenzen könnte, wächst auf diesen rauen

BRENNER-FREUDEN

Mit genügend Zeit im Tankrucksack sollten unbedingt die Täler rechts und links des Brenners im Norden des Tourengebietes erkundet werden. Weit ab der Verkehrsströme gen Süden und Norden geht es durch eine faszinierend andere Bergwelt. Eine ausführliche Reise-Reportage hierzu finden Sie im Magazin »Motorrad ABENTEUER« Ausgabe 06/2003.

Höhenzügen. Von Süden kommend bildet das Penser Joch den Höhepunkt eines kurzweiligen Tagesausfluges in das wunderschöne Sarntal. Da beschwerlich, weil extrem kurvenreich ansteigend wird diese geografisch im Grunde direkteste Verbindung zwischen dem Brenner und Bozen kaum vom Durchreiseverkehr belästigt.

Im Norden nur über das Penser Joch erreichbar und im Süden durch die engste Schlucht Südtirols bewacht, bildete das Sarntal über viele Jahrhunderte hinweg eine in sich geschlossene Gemeinschaft. Tradition und Brauchtum sind hier lebendiger und allerorten auch spürbar. Der schmucke Hauptort Sarentino mit seiner alles überragenden Pfarrkirche auf einem sonnigen Hochplateau bildet das kulturelle und wirtschaftliche Zentrum des Tales. Mit einem herzlichen »Auf bald!« nehme ich Abschied von dieser heilen Bergbauernidylle.

Die Hektik des Eisacktales lässt alsbald erneut den Wunsch in mir reifen, in eines der angrenzenden Täler zu fliehen. Wie gerufen weist kurz darauf ein Schild ins Tierser Tal, hinauf in die an diesem Tag so gewittrige Welt König Laurins.

Kleinod am Wegesrand

Auch eine noch so gespenstisch dunkle Gewitternacht hat irgendwann ein Ende. Erste Sonnenstrahlen kämpfen sich frühmorgens durch den Nebel und lassen Hoffnungen keimen. Schnell sind meine sieben Sachen gepackt und die Transalp von den Ast- und Blätterresten des nächtlichen Sturmes befreit. Auf Knopfdruck startet der Zweizylinder zu seinem Tagwerk und der gastliche Ort verschwindet sicherlich viel zu schnell in meinen Rückspiegeln. Während sich am Rosengarten und der dahinter aufragenden Sellagruppe die Gewit-

Bild Seite 104/105: Bikerparadies Südtirol: Die Ausblicke von der Großen Dolomitenstraße auf das Land machen Lust auf mehr.

Weit schweifen die Blicke über das Villnößtal, Heimat so manch berühmten Bergsteigers.

Prozession in Meran: Südtirol ist das Land der Geschichten, Sagen und lebendigen Traditionen.

ter der vergangenen Nacht augenscheinlich festgebissen haben, suche ich mir meinen Weg stets oberhalb des Eisacktales Richtung Norden. Über Kastelruth und den westlichen Teil des Val Gardena schwinge ich gemütlich durch eine touristisch geprägte Bergwelt.

Kurz hinter Klausen empfiehlt ein unscheinbares Schild das Villnößtal. Meine Entscheidung steht: Blinker setzen, abbiegen – und eine Vollbremsung hinlegen. Denn mein Abstecher in die Heimat Reinhold Messners beginnt mit einer 20-minütigen Warterei vor einer geschlossenen Bahnschranke. Gerade als ich nach einem möglichen Schlupfloch für die mit Koffern arg verbreiterte Transalp spähe, rattert doch noch eine uralte Diesellok mit einem einzigen Güterwagen und todesmutigen 12 oder gar 13 Stundenkilometern über den Bahnübergang. Tja, Zeit und Geduld sollte man mitbringen für den Besuch Südtirols.

Blumenpracht im Südtiroler Frühling – ein Genuss für Augen und Seele

Zeit vor allem auch für die herrlich verschlafenen Landschaften des Villnößtales. Wie in vielen Eisack-Seitentälern führt der Weg zunächst durch eine enge Schlucht, die sich nach wenigen Kilometern zu einer tiefgrünen Hochalmregion weitet. Einsame Gehöfte an den Hängen und kleine Weiler entlang der einzigen Straße lassen die offensichtliche Idylle intensiv spüren. Über St. Peter folge ich zunächst der Talstraße entlang des Villnöß-Baches bis zu den weit verstreut gelegenen Höfen des kleinen Dorfes St. Magdalena. Gleich daneben steht die reich bemalte Kapelle St. Johann in Ranui in einzigartiger Lage mit weitem Blick hinab auf die kleine Alpenwelt. Die ehemals als Wanderweg angelegte Strecke hinauf zur Zanser Alm auf immerhin 1700 Metern Höhe ist einspurig mit Ausweichstellen vor allem auch für meine Reise-Enduro bequem befahrbar. Der Anblick des unter mir in der Mittagssonne dösenden Villnößtales ist einmalig.

Die Bikerseele bekommt Flügel

Zurück in St. Peter lockt der Wegweiser zum Würzjoch. Mit 15 prozentiger Steigung zieht sich die zum Teil einspurige Straße malerisch am Nordhang des Tales in die Höhe. Fast jeder Kilometer der Piste bietet grandiose Ausblicke und lässt mein Reisetempo ab und zu auf Schrittgeschwindigkeit sinken. Knapp eintausend Höhenmeter sind zu überwinden, was aber aufgrund der einwandfreien Straßenverhältnisse eher Genuss denn Arbeit ist. Von weitem bereits dringt der Lärm des Würzjochhauses herüber, als ich mich nähere. Aus San Martino im angrenzenden Gadertal kommend, haben sich mehrere Reisebusse hier heraufgequält. Für mich ein gewichtiger Grund, alsbald wieder die Transalp zu satteln. Eine Single-Track-Road zweigt etwas unterhalb des Jochs in Richtung Norden ab. In unzähligen Kurven und Kehren geht es durch dunklen Tann immer entlang des Lasankenbaches mit recht ordentlichem Gefälle hinab ins Lüsener Tal. Ganz tief inhaliere ich die frische Bergwaldluft, die ungefiltert durch das weit geöffnete Visier strömt. Es ist warm, kein Wölkchen am Himmel zu sehen, kein Dieselmotor vor mir, kein Reisebus in meinem Nacken und

weit im Norden gibt es immer wieder freie Sicht auf die in der Ferne glitzernden Pustertaler Alpen – das sind Momente, in denen die Bikerseele Flügel bekommt und abheben mag.

Es dämmert bereits, als ich im Feierabendverkehr durch das auf einem Bischofssitz vor gut eintausend Jahren gründende Städtchen Brixen schwimme. Es ist eng und irgendwie mittelalterlich in den Gassen, vor allem dann, wenn man wie ich aus den hochalpinen Weiten Südtirols heruntergestiegen ist. Über die S12 treibe ich meine Honda gemütlich in Richtung Norden, nehme Abschied vom »Land im Gebirg«. Tja, und in Sterzing schließt sich viel zu bald mein Südtiroler Kreis, der mich eine Woche lang durch verschwiegene Bergtäler hinauf zu namhaften Pässen und mitten hinein in die fast schon mediterrane Landschaft dieses gesegneten Fleckens in Norditalien führte. Eine Bikerwoche, die alle Sinne schärfte für den Kurvenrausch des sich ankündigenden Sommers.

Nach einer letzten Stärkung geht es im einsetzenden Dämmerlicht über den stets proppenvollen Brennerpass und über Innsbruck wieder heimwärts. Doch dass ich eines Tages zurückkehren werde, das steht für mich bereits vulkanfelsenfest. Nicht nur, um die leisen Männerstimmen in König Laurins Bergverlies vielleicht doch noch zu Ohren zu bekommen. Auch ansonsten gibt es in dieser herrlichen Alpenregion noch viel zu viel zu entdecken, hier im Alto Adige inmitten der norditalienischen Frühlingsgefühle. Auf Wiedersehen – Arrivederci!

GROSSE DOLOMITENSTRASSE

Richtig hoch hinaus geht es auf der »Großen Dolomitenstraße«, die Bozen über eine Entfernung von gut 100 Kilometern mit Cortina d'Ampezzo verbindet. Sie führt über den Karerpass, durch das Fassatal nach Canazei, hoch zu Pordoi und Falzarego-Pass, ehe man schließlich nach Cortina hinabfährt. Eine herrliche Einstimmung oder auch Verbindung zur Tour 7 dieses Buches ab Seite 84.

Altes Hexenritual oder Zeitvertreib der Hirten?Die legendären »Steinernen Mandln« oberhalb von Meran

ALLGEMEINES

Das »Land im Gebirg«, wie Südtirol im Mittelalter genannt wurde, ist eine Region der Gegensätze. 230 Millionen Jahre vor unsere Zeit hob sich das gesamte Land und die Südtiroler Berge wuchsen aus dem Tethysmeer heraus. Heutzutage liegen zwei Drittel der gesamten Fläche Südtirols auf über 1500 Metern. Nur in den tiefen Urozean-Tälern finden sich fruchtbarste Landschaften. Hier scheint oftmals die Zeit seit vielen Jahrzehnten stehen geblieben zu sein. Doch sollte man sich da nicht täuschen. Die Südtiroler, wenn auch untereinander nicht unbedingt immer einig, sind ein stolzes Volk mit langer Tradition, geprägt von ehemals entbehrungsreichem Leben, eingezwängt zwischen den Hochkulturen im Norden und Süden. Und dass sie auf ihr Land, ihre Berge und ihre Kultur stolz sein können, wird jeder Reisende nach einem Besuch Südtirols bestätigen.

KLIMA / REISEZEIT

So wie das Land sind auch die Klimabedingungen. Sommerliche Hitze bis 40° C im Meraner und Bozener Becken gefolgt von bitterster Winterkälte auf den Bergeshöhen. Zwar schützt die Alpennordseite Südtirol vor den eisigen Winden nordpolaren Ursprungs, doch kann auch eine Dolomitenquerung im Sommer durchaus einmal in einem Schneechaos enden. Der mediterrane Einfluss aus dem Süden sorgt zwischen März und Oktober für recht angenehme Wärme und relative Wetterbeständigkeit.

Der Frühling in Südtirol beginnt oftmals bereits im Februar. Ab April (spätestens im Mai) werden dann auch die letzten Alpenpässe freigegeben, jetzt kann die Bikersaison spätestens beginnen.

SCHÖNSTE REISEZEIT...

sind der frühe Frühling und der späte Herbst, weit außerhalb der Sommerferienzeit. Dann hat man das Land und seine Menschen fast für sich allein. Und 1001 Kurvenspaß gibt's obendrein.

MOTORRADFAHREN

Kann man in Südtirol in traumhafter Kulisse mit ungezählten Kurven auf mittelmäßigen bis gut ausgebauten Straßen. Die fahrerische Beurteilung ist im Durchschnitt mittel, auf einigen Teilstrecken auch durchaus schwierig. Grundzüge des Passfahrens sollten auf jeden Fall beherrscht werden. Selbst im April/Mai ist auf höheren Pass-Strecken ab und zu noch mit Schnee- und Eisglätte zu rechnen und dementsprechend Vorsicht geboten.

Benzin ist in Österreich deutlich billiger als in Italien. Deshalb unbedingt vor der Grenze randvoll tanken. Die Südtiroler Alpentäler besitzen oftmals nur im Hauptort eine Tankstelle, die zudem an den Wochenenden geschlossen ist. Entlang der Durchgangsrouten ist das Tankstellennetz ausreichend dicht.

ANREISE

Via München, Innsbruck und die alte Brennerstraße erreicht man Südtirol rasch und direkt. Ganz Eilige können an Stelle der kurvenreichen alten Brennerstraße auch die mautpflichtige Autobahn wählen, sie kostet acht Euro für eine Durchfahrt.

ATTRAKTIONEN

Wer ab und zu auch einmal körperliche Bewegung in seinen Motorrad-Urlaub einbauen möchte, findet ein wahres Dorado hervorragender Wandermöglichkeiten. Betreute Alm- und Berghütten bieten bequeme Übernachtungsmöglichkeiten mit alpenländischem Standard. Ganz besonders zu empfehlen ist der Meraner Höhenweg hinauf zu den »Steinernen Mandln«, einem bis heute nicht völlig geklärten, uralten Hexenritual.

Natürlich lohnt die gesamte Kultur und Tradition des Landes zwischen Brenner und Gardasee eine ausgiebige Erkundung. Burgen, Schlösser und Kirchen gibt es zuhauf. Museen, Ausstellungen Veranstaltungen jeglicher Stilrichtung bieten perfekte - Abwechslung zwischen kurvenreichen Tagen.

ESSEN + TRINKEN

Südtirol bietet auch kulinarische Entdeckungen der anregendsten Art. Topfen- und Marillenknödel erinnern an den nördlichen Nachbarn; Südtiroler Speckbrettl mit einem Vinschgerl, diesem kräftig gewürzten Fladenbrot, sind ein Hochgenuss für jeden Gaumen und Gnocchi weisen den Weg in Richtung Süden. Zudem ist Südtirol ein Wein- und Obstland par excellence. Große Weine stammen aus den Sonnenlagen Merans und Bozens.

ÜBERNACHTEN

Während Südtirol gerade zu den Sommerferien ein äußerst beliebtes Reiseziel darstellt, findet man im Frühling die ruhige Zeit, in der man das Land und seine Menschen intensiver kennen lernen kann. Die unzähligen Hotels, Gasthöfen und Pensionen jeglichen Preisniveaus haben allerorten freie Kapazitäten, entsprechende Hinweistafeln mit Anzeige der freien Betten sowie direkter telefonischer Reservierungsmöglichkeit finden sich meistens in der Ortsmitte.

Die Preisunterschiede zwischen Haupt- und Nebensaison sind zum Teil deutlich, sie betragen mehr als 30 Prozent und beginnen im Früh-

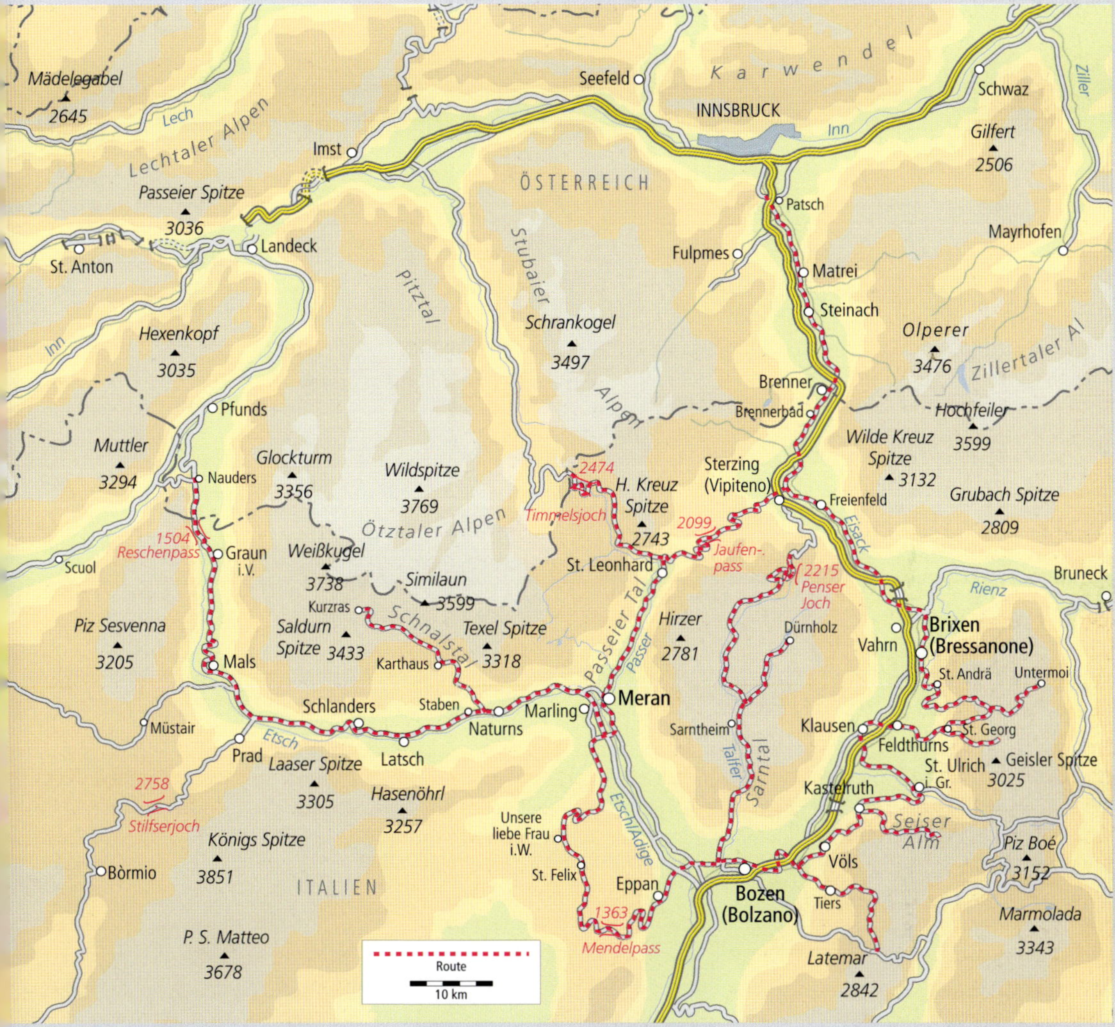

ing bei 33 Euro pro Doppelzimmer nklusive Frühstück. Motorradfahrer sind überall herzlich willkommen. Wie zu Hause fühlte ich mich in Merans Vorort Algund im **Hotel Gstör** der Familie Tschenett mit Wellnessbereich und schönen Zimmern, Alte Landstraße 40, 39022 Algund, Tel. 0039/473 44 85 55, E-Mail: info@gstoer.com, www.gstoer.com

GELD / KREDITKARTEN

Das ehemals deutliche Preisgefälle zu Deutschland existiert nicht mehr, Südtirols Ruf als Billigreiseland ist seit langem verhallt. Die Preise liegen weitestgehend auf dem Niveau deutscher Urlaubsregionen. Internationale EC-Geldautomaten gibt es in jedem Dorf, Kreditkarten werden überall problemlos akzeptiert.

LITERATUR / LANDKARTEN

- Als Reiseführer empfehlen sich Baedeckers Allianz-Reiseführer »Südtirol /Dolomiten«, Mairs Geographischer Verlag,
- »Die schönsten Routen in Südtirol und im Trentino«, Bruckmann Verlag,
- Die Karte »Südtirol« von Mairs Geographischer Verlag bietet eine Übersicht im Maßstab 1:200 000.

WICHTIGE ADRESSEN

- Infopakete verschickt die **Südtirol Marketing Gesellschaft**, Pfarrplatz 11, 39100 Bolzano, Tel. 0039/0471 99 99 99, Fax 99 99 00, E-Mail: info@ suedtirol.info, www.suedtirol.info.
- **Kurverwaltung Meran**, Freiheitsstraße 45, 39012 Meran, Tel: 0039/ 473 27 20 00, E-Mail: info@ meraninfo.it

Herbstliches Finale Grandioso

Das Land der Hohen Tauern und des Großglockner ist prädestiniert für unvergesslichen Spätherbstgenuss inmitten von 1001er Kurve – und damit für eine Saisonabschlusstour der Spitzenklasse.

TOUR 9 GROSSGLOCKNER

Dort oben ist das Gebiet, in dem die Dämonen hausen. Mit knatterndem Steinschlag und stäubenden Lawinen bedrohen sie jeden Sterblichen, der sich in ihre Welt hinauf wagt...«.

Chroniken aus dem Mittelalter warnen eindringlich davor, in die unwirtlichen Gegenden um Österreichs höchsten Berg, den 3797 m hohen Großglockner, vorzudringen. Dass das Gebiet in alten Zeiten tatsächlich bedrohlich und auch lebensgefährlich war – und heute noch abseits der befestigten Wege sein kann –, davon berichten nicht nur Namen wie Elendboden oder Beindlkar, sondern auch immer wieder die Schlagzeilen unserer Tage. Steinschlag, Lawinen, plötzliche Wintereinbrüche mitten im Hochsommer, all das sind Naturgegebenheiten, mit denen die Menschen in den Hohen Tauern seit Jahrhunderten umzugehen haben.

Mit dem überschaubaren Gepäck einer herbstlichen Dreitages-Tour durch die sagenumwobene Welt der Tauern und des Großglockner bin ich heute Morgen aufgebrochen. Vor den Toren Salzburgs döst Bad Reichenhall mit seinen berühmten Solequellen noch friedlich vor sich hin. Gleich nebenan, entlang der Saalach windet sich meine Route Richtung Schneizlreuth, Steinpass und Lofer gemütlich bergan. Eine der wichtigsten Salzhandelsstraßen führte im Mittelalter von Salzburg kommend an Lofer vorbei über das Hochtor nach Italien. Die damals erbauten Befestigungsanlagen verhalfen dem Ort unter den Hohenstauffenkaisern zu äußerst begehrten Marktrechten. Leider haben außer der südlich gelegenen Ruine Saaleck keine nennenswerten Reste aus dieser geschichtsträchtigen Zeit die Kriege und Verwüstungen der vergangenen Jahrhunderte überdauert.

Großglocker-Hochalpenstraße bei Ferleiten: Hier beginnt die wohl schönste Panoramastraße Österreichs.

Ein Pausenplätzchen der besonderen Art: Almhütten-Idylle bei Heiligenblut

Auch Saalfelden in einem weitläufigen Becken mit alten Pinzgauer Bauernhäusern blickt auf satte 1200 Jahre wechselvolle Stadtgeschichte zurück. Sieben mächtige Burgen dienten einstmals ihrem Schutz. Vier davon existieren heute noch. Schloss Farmach, Schloss Dorfheim und Schloss Lichtenberg befinden sich in Privatbesitz bzw. in Nutzung durch die öffentliche Hand als Altersheim. Nur Schloss Ritzen ist zugänglich und präsentiert ein sehenswertes Heimatmuseum mit Kunstgegenständen, Bauernmöbeln und einer Mineralienschau.

Bei Maria Alm am Steinernen Meer – wahrlich, das ist ein Ortsname! – öffnet sich mir das Tor ins Hochgebirge. 500 Höhenmeter sind auf kurvenreicher, perfekt ausgebauter Straße zu erklimmen, bevor der Filzensattel erreicht ist. Ein pudergezuckerter Hochkönig in herbstlichem Blätterkleid krönt meine kurze Verschnaufpause, dann geht es mit 18 % Gefälle geschwind wie der Sausewind ins Tal des Mühlbachs. Von hier aus führt ein empfehlenswerter Abstecher auf der Mandlwandstraße hinauf zum Arthurhaus, einer ganzjährig bewirtschafteten Alm. Eine farbenprächtige Schar kurios gekleideter Gesellen empfängt mich an diesem Nachmittag mit Akkordeonmusik und lautem Gejohle. Bauernherbst wird gefeiert als Dank an die Natur für einen prächtigen Sommer. Zurück im stillen Tal des Mühlbachs geht es mit Schwung nach Bischofshofen und eng am Fluss entlang über St. Johann nach Zell am See. Spiegelglatt liegt das Gewässer im goldenen Glanz einer untergehenden Herbstsonne, als ich mir im verkehrsberuhigten Ortskern eine nette Unterkunft suche.

Nebliges Vorspiel...

Fette Herbstnebel wabern am anderen Morgen über das Land, nisten sich ein auf dem See und in den engen Gassen Zells. Ganz offensichtlich geht die Zahl dieser prallen Caro-Landkaffee-Sommertage zielstrebig gegen Null, die gesamte Natur ahnt das kommende Finale und stellt sich darauf ein. Höchste Zeit für einen Blick zurück auf die vergangene Saison. Doch vor allem höchste Zeit, nochmals einen Helm voll Eindrücke zu sammeln, Erinnerungen zu schaffen, von denen man an langen Winterabenden zehren kann. Höchste Zeit für eine Abschiedstour auf das Dach der Alpen, für eine ausgiebige Runde um den Großglockner und in die Täler rechts und links.

Kaum kann ich die Armaturen der Africa Twin vor Augen erkennen, so dicht umschließt mich der zähe Morgennebel. Heilfroh über die Antibeschlag-Folie im Visier taste ich mich

Bild Seite 112/113: Blick auf die Hohen Tauern bei Heiligenblut

Kals und sein Hochtal: Bei diesen Anblicken driftet die Bikerseele gen Himmel.

voran. Die Heizgriffe grillen auf vollen Touren, nur meine Zehen geben laufend Rückmeldung über die tatsächliche Außentemperatur. Die ist bestimmt einstellig und nur eine Handbreit über Null. Doch irgendwo verborgen in dieser Nebelküche ruft die Großglocker-Hochalpenstraße bereits ganz leise nach mir – und ich will einfach nicht widerstehen.

Fast 4000 Jahre alt ist die Geschichte der Säumer, die Tradition des Warentransportes über die Tauern und den Großglockner. Der kürzeste Weg zwischen dem nördlichen Alpenvorland und den warmen Gefilden der Adria überquert hier die Eisriesenwelten. Doch richtig große Geschichte hat dieses Land nie geschrieben. Keine Könige, keine Armeen zogen hier vorüber. Der Weg über die Tauern war der Weg der kleinen Leute, der reisenden Händler, Viehtreiber und Handwerker, die sich auf der Suche nach Arbeit, Brot und Lohn jedes Jahr im Frühling auf die Beine machten. Mühsam, Kräfte raubend und wahrlich gefährlich waren ihre Wege.

Doch der Ruf nach Reichtum trieb sie unermüdlich an. Gold lautete oftmals das Zauberwort, die Gier danach ließ die Männer alle Gefahren dieser hochalpinen Welt vergessen. Mit primitivsten Mitteln, mit Feuer und Wasser

SALZBURGER SCHMANKERL

Nur einen Steinwurf vom Ausgangspunkt dieser Tour, Bad Reichenhall, entfernt liegt Salzburg. Am 27. Januar 1756 erblickte Wolfgang Amadeus Mozart hier in der Getreidegasse 9 das Licht der Welt, ein Umstand, dem die sehenswerte Stadt mit ihren zahlreichen historischen Bauten auch heute noch viel zu verdanken hat. Als Mozartstadt und Weltkulturerbe ist sie ganzjährig mehr als einen Tagesausflug wert – und das nicht nur wegen dieser köstlichen, aber auch mächtig kalorienreichen Mozartkugeln. Infos unter www.salzburginfo.at

sprengten sie Stollen in die Berge. Drei Zentimeter ging es an guten Tagen voran. Doch es lohnte sich. Bis zu 15 g reines Gold wurden damals aus einer Tonne Erzgestein gewonnen, immerhin 10 % der Weltproduktion kam aus den Bergwerken am Großglockner, heißt es.

Golden glänzt an diesem Morgen auch der Blick des einsamen Kassierers in der Mautstelle der Großglockner-Hochalpenstraße bei Ferleiten. Meine freundliche Frage nach Spätherbst- oder Frühmorgenrabatt wird vollkommen humorfrei beantwortet. Ich gebe Gas. Schneeweiß gezuckerte Gipfel über herbstlich bunten Wäldern füllen meine schweifenden Blicke. Der tiefblaue Himmel über dem Helm scheint sich geradewegs bis hinauf ins Universum zu erstrecken. Mit bequemen 12 % Steigung mache ich ordentlich Höhen. Der brave Zweizylinder der Africa Twin arbeitet sich warm, ohne allerdings jemals an seine Grenzen zu stoßen.

1924 wurde sie begonnen, zehn Jahre später bereits eröffnet. Seit diesem Tag zählt die Großglockner-Hochalpenstraße nicht nur zu den fahrerischen, sondern vor allem auch landschaftlichen Highlights des gesamten Alpenraumes. 1400 Höhenmeter müssen mehrmals in zahlreichen Ups and Downs auf 60 Kilometern Länge bewältigt werden. Der höchste Punkt der Straße liegt auf immerhin 2571m. Wenn auch die Schatten der umliegenden Gipfel spürbar herbstliche Kälte verbreiten, von den durchschnittlichen fünf Metern Schnee, welche die Straße jeden Winter unter sich begraben, ist an diesem Morgen erfreulicherweise noch nichts zu sehen. Nur eine antike, ausrangierte Schneefräse reizt meinen Fotofinger. Ihr Blau passt geradezu überirdisch perfekt zum Alpenhimmel.

Verpasster Höhepunkt...

Am Törlgrat erreiche ich die erste Passhöhe. Wer kurz darauf den kleinen Wegweiser zur Edelweißspitze links liegen lässt, der verpasst mit dem höchsten Punkt der Großglocknerstraße eines der Highlights dieser Strecke. Zwei Kilometer und einige Kopfsteinpflaster-Kehren später stehe ich mutterseelenallein in einer herbstlich eingefärbten hochalpinen Welt. Über 30 Dreitausender und immerhin

Lohnen einen Abstecher zu jeder Jahreszeit – Mozart und seine Geburtsstadt Salzburg.

fast 20 Gletscher umzingeln Mensch und Moped, ohne dass ich mir allerdings die Mühe mache, sie alle zu zählen. Der in der Ferne ruhende Gipfel des Großglockners lockt mich schließlich zurück auf das Bike. Kehre um Kehre geht es schwungvoll bergab zur Fuscher Lake, bevor die Straße an den Osthängen des Brennerkogels erneut ansteigt.

»All diejenigen, die die Gletscherstraße zur Franz-Josephs-Höhe auslassen, bringen sich um den Höhepunkt der gesamten Fahrt«, warnt nahezu jeder Reiseführer über die Tauern. Zu Recht, denn der Blick auf die umliegenden Eisriesenwelten ist grandios. Majestätisch schiebt sich der Großglockner formatfüllend in den stahlblauen Himmel. Das unheilvolle Donnern des Steinschlags, das in alten Zeiten als Klocken bezeichnet wurde, gab ihm seinen Namen. Und für gründlich eisgekühlte Großglocknerfüße sorgt die Pasterze, mit 10 km Länge und fast 20 qkm Fläche größter Gletscher der Ostalpen. Wanderwege führen von der Franz-Josephs-Höhe zu ihr hinunter und

Offroad-Piste am Großglockner – trotz kofferbreitem Bike eine vergnügliche Abwechslung

wer Glück hat, kann vor allem in den Morgen- und Abendstunden Murmeltier-Familien beim Essenfassen beobachten.

Zurück auf der Hochalpenstraße schwinge ich in prächtigstem Mittagssonnenschein Richtung Heiligenblut, dem Ausgangspunkt für so manche Glocknerbesteigung. Auf dem Dorffriedhof ruhen viele, die ihren Traum von der Bezwingung des ewigen Eises mit dem Leben bezahlen mussten. Eine fast schon andächtige Stille liegt über dem Land. Die Goldberge, wie die Tauern hier genannt wurden, stehen unter Nationalpark-Schutz. Kein Flugzeug, kein Hubschrauber darf sie überflie-

gen, kein Lift erleichtert den Gipfelanstieg. Zu Zeiten des Goldrausches trieben allerdings Tausende von Bergleuten Stollen in den Fels, transportierten das Gestein auf mächtigen Rutschen hinab ins Tal, wo es mit gewaltigen, von Wasserkraft angetriebenen Holzstempeln zerkleinert wurde.

Von alldem ist heutzutage nicht mehr viel zu sehen. Nach dem Goldrausch folgte bittere Armut; durch die Erschließung niedrigerer Pässe in anderen Teilen des Landes verloren nach und nach auch die Säumer ihre Arbeit. Erst in den Sechzigerjahren des letzten Jahrtausends kehrte mit dem aufkommenden Tourismus bescheidener Wohlstand zurück, die Ortschaften am Großglockner und in den Tälern der Tauern blühten zaghaft auf.

In Huben folge ich spontan dem kleinen Wegweiser nach Kals, einem in der Idylle eines Hochtales eingebetteten Bergdorf. Wieder einmal bestätigt sich die Erfahrung, dass die kleinen und unscheinbaren Wegweiser zu den schönsten Plätze dieser Erde führen. Leuchtend gelblich eingefärbte Lärchen säumen den Anstieg über eine gut ausgebaute Straße. Genußvoll gebe ich Gas. Dann öffnet sich der Herbstwald und prachtvolle Bauernhäuser liegen einsam auf einer weiten Hochebene vor mir. Ein kleiner Gasthof in Kals empfängt wenig später den wohl einzigen Gast des gesamten Tales. Deftig kalorienreiche Hausmannskost, ein vollmundiger Roter und ein unglaubliches Sternenzelt runden diesen perfekten Bikertag zu einer Erinnerung ab, die unvergesslich bleiben wird. Redlich müde falle ich in einen kurvenreichen Traum.

Lautes Vogelgezwitscher lockt mich anderntags aus den dicken Daunen an einen prallvollen Frühstückstisch. Doch als die Sonne

CHIEMGAUER KONTRAST

Im Norden der Hohen Tauern verlieren sich die Berge in den Weiten des Chiemgauer Landes mit Bayerns größtem Gewässer, dem Chiemsee. Ganzjährig lohnendes Ziel mit königlicher Pracht auf den Inseln Herren- und Frauenchiemsee. Auf ihnen versuchte Ludwig II., seinen Traum von einer besseren Welt inmitten einer prächtigen Landschaft für die Ewigkeit zu realisieren. Und zwischen den beiden großen Inseln liegt sträflich unbeachtet die Krautinsel, auf der man sich im Mittelalter zum heimlichen Tête-à-tête traf. Infos unter www.mychiemsee.de

Abstieg vom Gerlos-Pass – und der Winter hat bereits seine Grüße gesandt

die hochalpine Welt um Kals in helles Licht zu tauchen beginnt, sitze ich bereits wieder im Sattel. Kurz hinter dem so gastlichen Ort führt die »Kalser Großglocknerstraße« von Südwesten her schnurstracks immer tiefer hinein in die Welt der Hohen Tauern. Das Lucknerhaus, eine ganzjährig bewirtschaftete Berghütte, öffnet bereits ihre bunten Fensterläden der kräftigen Sonne, als mich eine Geröllpiste trotz Gepäck zu einer kleinen Enduroeinlage überredet. Unter dem schneeweißen Glanz des Großglocknergipfels suche ich mir meinen Weg über Stock und Stein. Erst ein mächtiger Felssturz überzeugt mich schließlich, dass die Kombination Mensch und Motorrad in der Abgeschiedenheit dieser herrlichen Alpenwelt eigentlich nichts zu suchen hat. Ich kehre um, zirkle die gesamte Fuhre zurück.

Seelenverwandtschaften

Die Straßenbauer des Virgentales müssen ebenfalls Motorradfahrer gewesen sein, soviel scheint sicher, als ich wenige Kilometer weiter in perfekten Rechts-Links-Kombinationen das Tal erkunde. Virgen und Prägraten, winzige Bergdörfer mit dem überwältigenden Charme grenzenloser Abgeschiedenheit, ziehen rechts und links vorbei. Dann plötzlich in Hinterbichl ist Schluss, das Talende ist erreicht. Absteigen, sich ins Gras setzen und ein wenig die Seelen baumeln lassen ist angesagt. In der Ferne grüßen die Osttiroler Dolomiten herüber, ich grüße freundlich zurück.

Rechte Seite: Abseits der Hauptrouten, im Virgental, gibt es viel zu entdecken.

Es fällt mir wirklich schwer, diese hochalpine Idylle zu verlassen. Denn sie kann wahrlich süchtig machen. Bereits deutlich hektischer empfängt mich Mittersill mit seinem Verkehrsknotenpunkt in Richtung Kitzbühel und Zillertal. Im Angesicht des prächtigen Bikertages entschließe ich mich, den Heimweg einfach um einen klitzekleinen Pass zu ergänzen. Immer entlang der Südwand der Kitzbüheler Alpen über Bramberg und Neukirchen führt mich mein Spontanabstecher hinauf zu den Krimmler Wasserfällen. Zwölf Gletscher speisen die Fälle, die in ihrer Sommer wie Winter dunklen Nordhangecke bar jeden Sonnenlichtes zu Tal brausen.

Ein letztes Mal an diesem Tag geht es bergan. Der mautpflichtige Gerlos-Pass mit

Bauernherbst auf dem Arthurhaus als Dank an einen grandiosen Sommer

1500 Metern und zahlreichen Kehren treibt die Betriebstemperatur der Honda nochmals in die Höhe. Überall an den Straßenrändern werden bereits die Stangen für die Schneeräumung aufgestellt. Und tief unten zu meinen Füßen verschwindet derweil der Speichersee Durlaßboden im diffusen Licht eines viel zu rasch zu Ende gehenden Herbstnachmittags. Jetzt scheint der Winter nicht mehr weit.

Einklang mit dem Ausklang…

Doch bevor ich mich auf den Heimweg durch das betriebsame Zillertal begebe, genieße ich nochmals die Ruhe der Bergwelt. Genieß diese Momente, die mich mit der Welt in völligen Einklang versetzen. So intensiv, dass man sich nur noch eine Kleinigkeit zum vollkommenen Glück wünscht: Dass die Zeit jetzt und sofort ein wenig stehen bleiben möge.

Die Südhänge von Kreuzjoch und Rifflerkogel leuchten wenig später in einem überwältigenden Farbenspiel, als ich über Hainzenberg und Zell am Ziller in die quirlige Feierabendstimmung des Zillertales hinabtauche. Die Zillertaler Höhenstraße wäre jetzt auch noch einen Abstecher wert, schießt es mir durch den behelmten Kopf. Doch leider dunkelt es bereits mächtig. Seufzend überlasse ich die

Höchster befahrbarer Punkt der Großglockner-Hochalpenstraße. Ihn sollten Biker keinesfalls verpassen.

Realisation dieses Gedankens einer anderen, passenden Gelegenheit und schwinge in Richtung Heimat.

Auch oben am Achensee hat der Herbst bereits Einzug gehalten; die Touristen sind weitgehend verschwunden, die Restaurants und Cafés haben Sonnenterassen bereits geschlossen, die Skilifte hinauf auf die Christlum laufen schon auf Probebetrieb und ölen die geballte Technik für die nächste Großkampf-Wintersaison. Die Luft duftet intensiv nach herbstlicher Vergängnis, vibriert zu den Farben der Natur und allerorten kann man es förmlich spüren: Der Spätherbst in den Bergen wehrt sich mit aller Kraft gegen die winterliche Vorhut, bäumt sich ein letztes Mal auf.

Doch wenn er auch wie jedes Jahr den Kampf gewiss verlieren wird, nach diesem grandiosen Saisonfinale freue ich mich ein wenig auf die weiße Jahreszeit. Denn auch sie bietet die ein oder andere Auszeit auf zwei Rädern, wie man in der folgenden Geschichte lesen kann ...

Herbst am Großglocker heißt Erntezeit: Lecker und gesund geht's zu im Land.

ALLGEMEINES

Österreichs höchster Berg und die Pasterze, der gewaltigste Gletscher der Ostalpen, bilden den zentralen Anziehungspunkt in dieser Hochgebirgsregion südlich von Salzburg. Hauptsächlich Bergbau, die Suche nach Gold und der Warentransport über die Alpen sicherten den Bewohnern der Hohen Tauern viele Jahrhunderte hindurch ihr dürftiges und hart zu erarbeitendes Auskommen. Erst der Mitte des letzten Jahrhunderts einsetzende Tourismus brachte ein wenig Wohlstand in das Land der Berge.

KLIMA / REISEZEIT

Die moderaten Höhenlagen um Lofer und das Steinerne Meer bieten bis weit in den Herbst hinein schneefreie Straßen. Im Süden schließt die Großglocknerregion mit hochalpinem Gelände an. Wetterumschwünge und auch Wintereinbrüche sind hier im Herbst keine Seltenheit, ausgiebige Schneefälle bis weit in den Mai hinein an der Tagesordnung. Während sich im Sommer die Beliebtheit der gesamten Region zeigt, kehrt im Herbst wieder Stille ein. September und Oktober sorgen mit stabilen Hochdrucklagen für Kaiserwetter.

SCHÖNSTE REISEZEIT...

ist der Alpenherbst ab Mitte Oktober, wenn die Lärchenwälder sich ein überwältigend buntes Kleid zulegen und man die ganze Region für sich allein zu haben scheint.

MOTORRADFAHREN

Fahrerisch ein Genuss sind Mehrtages-Kombinationen aus dem herrlichen Voralpenland und Abstechern in die Hohen Tauern. Auch auf der gut ausgebauten Hochalpenstraße sind Kenntnisse des Pass-Fahrens Grundvoraussetzung. Steigungen mit bis zu 15 Prozent und zahlreiche Spitzkehren verlangen eine sichere Hand. Die mautpflichtige Großglockner-Hochalpenstraße ist von Mai bis November geöffnet, das Tagesticket kostet 17 € bzw. in Kombination mit dem Tauerntunnel 23 €.

ATTRAKTIONEN

In Frühling, Sommer und Herbst sind Wanderstöcke, Mountain Bikes, Gleitschirme und Drachen die Sportgeräte der Alpen, im Winter sind es Ski und Snowboard.

ESSEN + TRINKEN

Zahllose Gasthöfe versorgen den hungrigen Biker. Mittags gibt es meistens kleine, schnelle Gerichte. Erst abends schaltet der Chefkoch wieder auf volle Leistung, Fleisch in allen Variationen, aber auch Fisch und Gemüse stehen zur Auswahl. »Biker willkommen«-Hinweise zeugen davon, dass man Motorradfahrer gerne empfängt.

ÜBERNACHTEN

Die Auswahl an Quartieren reicht von einfachen Fremdenzimmern in Gasthöfen über Pensionen bis zu guten Hotels. Die Preise für Übernachtung und Frühstück im Doppelzimmer liegen zwischen 30 und 75 € pro Person. Vorausbuchungen sind in der Sommerreisezeit zu empfehlen, im Frühling und Herbst findet man überall ein freies Quartier. Gut gefallen hat es uns in

• Zell am See im **Gasthof »Grüner Baum«**, Seegasse 1,5700 Zell am See, Tel. 0043/65427710, E-Mail: hotel@gruener-baum.at, www.gruener-baum.at

• in Kals am Großglockner im **Hotel Krone** mit Hallenbad und Sauna. Grossdorf 25, 9981 Kals am Großglockner, Tel. 0043/ 48 76 82 41, E-Mail: hotel.krone@ tirol.com, www.hotel-krone-kals.at

GELD / KREDITKARTEN

Österreich ist Euroland und technisch eng mit Deutschland verbunden. Zahlung mittels EC- oder Kreditkarte ist meist problemlos möglich, internationale Geldautomaten existieren nahezu an jeder Ecke. Nur Tankstellenpächter ziehen bei Beträgen unter 15 Euro Bargeld vor.

ANREISE

Über München und die A 8 Richtung Salzburg, Abfahrt Bad Reichenhall, sind die Hohen Tauern bequem und rasch zu erreichen.

LITERATUR / LANDKARTEN

• Georg Rigele erzählt in seinem Buch »Die Großglockner-Hochalpenstraße« die interessante Geschichte dieses österreichischen Monuments WUV Verlag,

• Die Großglockner-Hochalpenstraße AG vertreibt unter dem Titel »Motorradhimmel Großglockner« eine 72-seitige Broschüre speziell für Biker, die es an allen Kassen zu kaufen gibt beziehungsweise im Internet unter www.grossglockner.at,

• Als Übersichtskarte eignet sich die Straßenkarte »Salzburg, Oberbayern, Tirol«, Verlag Freytag-Berndt u. Artaria, Maßstab 1:200 000.

WICHTIGE ADRESSEN

• **Salzburger Landesreisebüro**, Rainerstraße 13, 5020 Salzburg, Tel. 0043/6 62/880 21 20, E-Mail: 25021@verkehrsbuero.at

• **Großglockner-Hochalpenstraßen AG**, Reinerstraße 2, 5020 Salzburg, Tel. 0043/662/873 67 30, E-Mail: info@grossglockner.at, www.grossglockner.at,

• **Kalser Tourismusverband**, 9981 Kals am Großglockner, Tel. 0043/48 76 88 00, E-Mail: info@kals.at, www.kals.at.

DEUTSCHLAND
ÖSTERREICH
ITALIEN
Tegernsee
Schliersee
Rottach-Egern
Wildbad Kreuth
Bayrischzell
Brannenburg
Neubeuern
Aschau
Marquartstein
Ruhpolding
Bad Reichenhall
Schneizelreuth
Reit im Winkel
Unken
Bischofswiesen
Ramsau
Königssee
Kiefersfelden
Kufstein
Kaiser Gebirge
Große Ache
Lofer
Loferer Steinberge
Steinernes Meer
Kirchbichl
St. Johann in Tirol
Going
Breitenbach
Wörgl
Hopfgarten
Kitzbühel
Saalfelden a. St. Meer
Jenbach
Brixlegg
Strass
Zillertal
Fügen
Kitzbüheler Alpen
Saalach
Glemmtal
Hundstein 2117
2382 Großer Rettenstein
Zell a. See
Kreuzjoch 2558
Gerlospaß 1507
Wald i. Pnzgau
Bramberg
Mittersill
Bruck a.d. Gr.
Salzach
Pinzgau
Zell a.Ziller
Hainzenberg
Gerlos
Sp. Wasserfallboden
Fusch a.d. Gr.
Hohe Tauern
Ferleiten
Mayrhofen
Ziller
Felbertauerntunnel
Tauernmoossee
Sp. Mooserboden
Edelweiß Spitze 2577
Zillertaler Alpen
Großvenediger 3360
Großglockner 3798
Franz-Josefs-Höhe
Hochtor 2505
Dreiherrnspitze 3499
Eichham 3371
Muntanitz 3232
Sonnblick 3105
Heiligenblut
Lukner Haus
Hinterbichl
Kals a. Großglockner
Matrei
Lasorling 3098
Döllach
Hochschober 3240
Petzeck 3283
Erlsbach
St. Veit
Schwarzach
Isel
Antholz-Mittertal
Defereggen Gebirge
Winklern
Nußdorf
Isselsberg
Gölbner 2943
Lienz
Bruneck
Assling
Gr. Sand Spitze 2772
Welsberg
Sillian
Lienzer Dolomiten
Toblach
Route
10 km

Zweirad-Winterfreuden

Warum den Winter als motorradlose Jahreszei abhaken? Allzeit bereit findet sich auch hier so manche Gelegenheit für eine Prise beheizten Kurvenschwung.

TOUR 10 ZILLERTAL

Hält das pralle Leben nicht immer wieder herrliche Überraschungen für uns parat? Ich finde jedenfalls schon. So wie bei mir einmal im letzten März. Freund Oliver, Bikerkollege und Tiefschwarze-Pisten-Skifahrer, lag mit Schienbeinbruch und vollgekritzeltem Gips nörgelnd daheim herum. Nörgelnd, weil in seiner Garage eine funkelnagelneue R 1150 R Rockster dringend darauf wartete, eingefahren zu werden. Dringend, weil bereits wenige Wochen später eine Biker-Herrenrunde unter seiner Führung mit bajuwarischen Streetfightern in den Frühling an die Cote d'Azur brettern wollte – zum Sehen und Gesehen werden. Und dieser traumhafte Plan war nun mächtig in Gefahr – zumindest für Oliver.

So geschah es, dass mich eines abends – ich gebe es zu, nicht gänzlich unerwartet – die Frage traf, ob ich als motorraderfahrener und vor allem mittelalterlich-seriöser Freund bereit sein würde, 1000 Erstlings-Kilometer auf des Rocksters Rücken abzureiten. Natürlich war ich es, versprach mit gekreuzten Zehenspitzen, die Technik ausschließlich auf Münchens (fürchterlich langweiligem) Mittlerem Ring vorschriftsmäßig einzufahren und schnappte mir das nigelnagelneue Bike an einem sonnigen Vormittag.

Doch nun wohin? Es war wie erwähnt erst Mitte März. In den Alpen lag der Schnee tankhoch, vor den Toren der Stadt dagegen war es matschig und trist. Und Münchens Mittlerer Ring stellte nun ganz gewiss keine Alternative dar. Also erst einmal raus aus der Stadt. Richtung Süden im Tegernseer Land schien die Sonne und der Wetterbericht versprach sogar eine zaghafte Portion italienischen Föhn. Die ersten Kilometer auf der Autobahn reizten unwiderstehlich, vorsichtig drehte ich am Gashahn. Ab 2000 Umdrehungen pro Minute treibt dieser Boxer ungemein kraftvoll voran.

Aufstieg zur Zillertaler Höhenstraße bei Melchboden: Freie Pisten führen durch ein Winter Wonderland.

Schluss mit lustig: Noch gehört die Zillertaler Höhenstraße dem Winter. Aber nicht mehr lange…

Meine Arme wurden lang und länger, meine Mundwinkel zog es bis hinter die Ohrläppchen – vor Begeisterung. »Denk an die Einfahrhinweise«, mahnte mein Gewissen. Insgeheim ein wenig murrend drosselte ich dennoch den Speed.

Freiwillig gemütlich

Der Schliersee träumte umrahmt von kahlen Bäumen und Altschneeresten noch den Abspann eines langen Winterschlafes, während sich eine pralle Sonne bemühte, den zähen Nebel und diese Mark und Bein durchdringende Kälte zu vertreiben. Alle Ampeln entlang des Sees empfingen mich mit völlig ungewohnter grüner Welle. Muss nicht sein, schimpfte ich und hätte so gerne während einer minutenlangen Rotlicht-Phase meine Finger in den Strom der aufsteigenden Motorwärme gehalten. Rocksters Heizgriffe grillten zwar meine Handinnenseiten, die ungeschützten Knöchel froren dagegen im eisigen Fahrtwind. Doch es sollte noch schlimmer kommen. Den schattig-dunklen Ursprungpass vor Kiefersfelden überzog eine gefährliche Raureifschicht, mein Blutdruck testete spontan ungesunde Rekordmarken. Jetzt hier in winterlichen Gefilden weit ab meines Versprechens Olivers Bike flachzulegen – die Freundschaft gibt es nicht, die das überstanden hätte. In Kufstein beruhigte ich meine Nerven bei Kaffee und Kuchen, dann stand ich vor der Qual der Wahl. Mutig hinein in die winterliche Pracht der Kitzbüheler Alpen und weiter über den Gerlos ins föhnige Zillertal oder durch das verkehrsreiche und fahrerisch selbst im Winter anspruchslose Inntal gen Westen. In der Gewissheit, dass eine Umkehr immer möglich sei, dirigierte ich die Rockster hinein in den Skizirkus Kitzbühels. Eine satte Inversion lag in den Tälern und sorgte trotz Textiljacke mit Winterfutter für eine zentimeterdicke Gänsehaut. Erst Pass Thurn führte mich mit 1273 Höhenmetern für ein paar Minuten aus winterlicher Kälte hinaus.

Schwungvoll rollte ich danach hinunter ins Salzachtal, schattige Kurvenlagen genauestens analysierend. Mittersill hüllte sich bereits in eine dicke abendliche Nebelwolke, deren Feuchtigkeit als kleine Eiszapfen an den Spie-

Bild Seite 126/127: Almstraße oberhalb von Bramberg im Salzachtal

Nichts für die Warmduscher-Fraktion: Winter-Biken in den Höhenlagen des Zillertales

Unerwarteter Grip: Die Sonne taut die Hänge des Salzachtales und beschert überraschenden Kurvengenuss.

geln der Rockster gefror. Höchste Zeit für eine wohlig warme Unterkunft. In Neukirchen zu Füßen des Großvenedigers im Pinzgau wurde ich trotz schneeweißer Hochsaison fündig, stelle Zahnbürtse, Notizblock und Rockster-Einfahr-Handbuch ins wohlig warme Zimmer. Nur die BMW selbst musste draußen unter der Laterne parken und legte sich bis zum anderen Morgen aus Rache eine zentimeterdicke Schicht Raureif zu.

Bis auf die Bronzezeit gehen die Besiedlungsspuren des Pinzgaus zurück. Im 16. Jh. wurden die Wurzeln Neukirchens erstmalig urkundlich erwähnt und im 19. Jh., als Kaiser Franz von Österreich Napoleon den Krieg erklärte, verteidigten die Pinzgauer ihre Heimat heldenhaft und vor allem erfolgreich, wie deren Zugehörigkeit zu Österreich beweist. Frieden kehrte heim ins Tal und 1929 erhielt Neukirchen die begehrten Marktrechte.

INNSBRUCK

Innsbruck mit dem weltberühmten »Goldenen Dachl« unweit des Einstiges zum Zillertal lohnt einen Tagesausflug zu jeder Jahreszeit. 2738 feuervergoldete Kupferschindeln erinnern daran, dass die Stadt einstmals Zentrum Europas war. Und ihr modernes Wahrzeichen ist zweifelsohne die neue Bergisel-Sprungschanze, ein architektonischer Leckerbissen nicht nur für Überflieger. Vom Café im Sprungturm aus hat der Besucher einen atemberaubenden 360°-Blick über die Metropole am Inn. Weitere Infos unter www.innsbruck-tourismus.com

Friedlich und harmlos sah die gefrorene Welt des Pinzgaus auch am anderen Morgen aus. Ein kräftiger Planet strahlte mit den Schneeresten um die Wette, die sonnigen Straßenabschnitte hatten zwar feuchten, aber berechenbaren Grip und nach ausgiebigem Frühstück brach ich auf.

Eiskalt eingeschnappt empfing mich das Sitzpolster der BMW. Auch das tiefgefrorene Schaltgestänge benötigte kräftige Fußarbeit, um laut und deutlich die Gänge zu sortieren. Stets abseits der Bundesstraße 185 suchte ich mir anschließend meinen Weg an den sonnenverwöhnten Südhängen des Tales hinauf zum Gerlos-Pass, dieser auch im Winter stets freigeschaufelten Verbindung zum Zillertal. Altschneereste türmten sich an schattigen Stellen erwartungsgemäß tankhoch an den Straßenrändern und wie ein Marsmännchen auf Designermoped betrachtete mich so mancher Skitourist. Minutenlanges Kopfschütteln verfolgte mich mehr als einmal, was an diesem Tag nicht nur am Hingucker-Outfit meines Mopeds lag. Dann aber reizte mich bereits wieder das Unbekannte. Alte oder neue Gerlos-Straße, noch winterliches Niemandsland oder eine sorglose Fahrt über die geräumte Pass-Straße lautete die Qual der Wahl.

Winters langsamer Rückzug: Mittersill zeigt einen ersten Hauch von Frühling.

Blick von Neukirchen oberhalb des Salzachtales auf Großvenediger und Hohe Fürlegg im Westen der Hohen Tauern

Mit kräftig steigendem Blutdruck nahm ich spontan die Schlaglöcher der alten Gerlosstraße unter die Reifen. Es ging sofort hinein in dunklen Tann, der eisige Atem des Winters ließ nicht nur meine klammen Finger tiefgefrieren. Aber die Straße gehörte mir allein, der Skizirkus spielte derweil auf dem mautpflichtigen Pass. Mit voller Konzentration fokussierte ich die üble Piste. Nur wenige lichte Momente gestatteten Ausblicke auf die grandiose Kulisse der Hohen Tauern mit dem berühmten »Großvenediger«. Ermutigt durch die stetig wachsende Vertrautheit zwischen Rockster und mir räuberte ich schwungvoll entlang der sonnenverwöhnten Hänge der Kitzbüheler Alpen. Oben am Gerlos-Pass lief derweil der Skizirkus zu einem seiner letzten saisonalen Höhepunkte auf, Sessel- und Schlepplifte schaufelten die Brettlfans unermüdlich auf fast 2500 Meter Höhe.

ALPAMARE

Direkt vor den Toren von Bad Tölz liegt das Frei- und Hallenbad »Alpamare« mit unzähligen Vergnügungen der garantiert feuchten Art. Natürlich auch mit Warmbad-Sprudeltherme, genau die richtige Idee, um durchgefrostete Bikerknochen nach einer Spontantour durch den Winter wieder aufzutauen. Und in der Sauna geht es dann richtig heiß zur Sache. Infos unter www.alpamare.de

Schluss mit lustig

Erst in Hainzenberg im südlichen Zillertal wurde es merklich ruhiger. Denn hier befand sich Freund Winter bereits horizontweit auf dem Rückzug. »Versuch die Zillertaler Höhenstraße...«, schoss es mir durch den sturmhauben-verpackten Kopf. Fasziniert von der Idee schwang ich über Schwendberg und Hippach durch eine Landschaft, die gerade eben ansetzte, den strengen Alpenwinter endgültig zu vertreiben. Das bereits kräftige Grün der Hänge und Wiesen schmeichelte meinen Augen, die schmale Rampe zur Höhenstraße

war trocken und hatte sogar richtig Grip. Ein Fahrgenuss der fast schon frühlingshaften Art. Doch oben am Melchboden war urplötzlich Schluss mit lustig. Die knöcheltiefe Schneedecke, Strohballen als Bremshilfe für Schlittenfahrer und eine mit BKS-Schloss gesicherte Schranke schickten jeden Biker gnadenlos zurück. Ja selbst Enduristen hatten keine Chance, die Sperre zu umgehen. An diesem Tag gehörte die Panoramastraße augenscheinlich noch dem Winter allein. Doch auch das würde sich wohl alsbald ändern.

Insgesamt vier Auffahrten führen hinauf zur Zillertaler Höhenstraße, die als eine der schönsten Panoramastraßen Österreichs auf immerhin über 2000 m führt. Hoch über dem Tal der Ziller windet sich die knapp 50 Kilometer lange Strecke um die Ostflanke der Tuxer Alpen und bietet grandiose Ausblicke auf die prachtvolle Bergwelt. Allerdings wird sie aufgrund ihrer teilweise ausgesetzten Piste im Winter nicht geräumt, sondern kurzerhand einfach gesperrt. Nur Tourengeher und Rodler finden in dieser Zeit verkehrsfreien Spaß in herrlicher Aussichtslage. Tief über die Karte gebeugt, versuchte ich dem Rest des Tages ein lohnendes Ziel zu geben.

»Bei Ried isch' frei, da kannst' die Straße hoch…«. Erschrocken drehte ich mich um. Völlig unbemerkt hatte sich der alte Mann von hinten angeschlichen und begann, die Rockster interessiert zu mustern. Ungläubig fasste ich nach. Die Zillertaler Höhenstraße wirklich frei – jetzt Mitte März? Er bejahte und auf einmal hatte ich ein neues, überaus verlockendes Ziel. Mit wohldosiertem Forscherdrang gab ich Gas.

Weit abseits der das Tal durchziehenden Bundesstraße suchte ich mir meinen Weg über Erlach und Aschau nach Norden. Überall in den Dörfern regte sich das pralle Leben, Gärten und Blumenfenster wurden auf den Frühling vorbereitet. Schmucke Bergbauernhöfe sonnten sich entlang der kaum zweispurigen Aufstiegsstraße bei Ried, die von Eis und Schnee befreit eine zuverlässige Basis für behutsames Schräglagen-Feeling bot. Auch der Rockster schien der Ausflug mächtig Spaß zu machen. Dann lag er vor uns, der nördliche Einstieg zur Höhenstraße. Und eindeutig zweideutig war die sich mir bietende Situation. Das Schild befahl »Gesperrt«, die Piste selbst war bereits vollkommen schneefrei und die Schranke stand einladend weit offen. Grübelnd begutachtete ich die Lage, rang um eine Entscheidung. Offiziell war die Höhenstraße sicherlich nicht geöffnet, aber man könnte ja die Piste ein Stück weit testen. Doch was wäre, wenn hinter mir irgendein ahnungsloser Forstarbeiter die Schranke wieder schloss? Es

Links: Oberhalb von Neukirchen im Salzachtal würzen kleine Aufwärm-Stopps den winterlichen Rockster-Spaß.

Landschaft am Steinberger Plateau: Biken in den Resten eines viel zu langen Winters

bestand absolut keine Chance, an ihr vorbeizuzirkeln. Ich wäre gefangen, wie ein Karnickel im Stall. Viel zu viele »Wenns« für meine Begriffe, ich kniff und drehte um, räuberte stattdessen kreuz und quer über die herrlich schneefreien Straßen im Tal, sammelte auftragsgemäß Kilometer um Kilometer.

Der Achensee lag noch im prallen Sonnenschein, aber oben auf der Christlum wärmten sich die Brettlfans bereits mit »Jagertee« statt Kurvenschwünge über sulzigen Knochenbrecherschnee zu ziehen, als ich die Rockster spätnachmittags am Ufer abstellte.

Schreck lass nach

Eine Sonnenbank lud zu einer Aufwärmpause ein. Hier, fernab des Trubels, war winterliches Biken purer Genuss, Balsam für die Seele und probates Mittel gegen chronisch juckende Gashände. Ganz zufällig landete mein umherschweifender Blick auf dem dunklen Motorblock des Boxers – oder besser gesagt, auf dem, was davon übrig war. Ich erstarrte vor Schreck. Die vornehm mattschwarze Optik in harmonischer Kombination mit dezenten Blautönen war ohne jegliche Vorwarnung unter einer zentimeterdicken Schmutzschicht restlos verschwunden. »Spritzschutz Fehlanzeige« hieß die gnadenlose Analyse – ein ganz und gar nicht jugendfreier Fluch entwich mir versehentlich in die herrliche Welt des Achensees. Mit Tempotuch und geschmolzenem Schnee versuchte ich verzweifelt, das Gröbste zu beseitigen. Doch vergebene Liebesmüh, dieses Moped verlangte bereits nach 400 Kilometern eine porentiefe und dazu noch klammheimliche Handwäsche.

Es war höchste Zeit für den Heimweg. Die Sonne kratzte bereits am Gipfelkreuz des Rechelkopfes, als ich mir am Tegernsee eine letzte Aufwärmpause gönnte. Im Schutz winterlich früher Dunkelheit trieb ich die Rockster längst vergeblich um Pfützen und Schneeschmelze zirkelnd nach Bad Tölz. Wie schön wäre es gewesen, die klammen Gelenke und steifen Knochen jetzt im Alpamare-Warmbad

Pausenplätzchen der ganz besonderen Art: der Achensee bei Pertisau

Altes Tiroler Weinhaus in Achenkirch: Gastlichkeit hat eine lange Tradition, nicht nur am Achensee.

aufzutauen. Doch das schlechte Gewissen über die Optik der Rockster gönnt mir keine Auszeit mehr. Erst müssen alle Spuren beseitigt werden.

BIKERTREFF SUDELFELD

Zwischen Schliersee und Ursprungspass geht es bei Bayrischzell hinauf zu einem der bekanntesten Bikertreffs Bayerns, dem Sudelfeld. Gleich hinter dem Scheitelpunkt der Strecke liegt in einer Applauskurve das Café Kotz, dessen riesiger Parkplatz nicht nur an Sommerwochenenden oftmals überquillt vor Bikes und Bikern aus der ganzen Region und dem angrenzenden Österreich. Doch VORSICHT bei der Weiterfahrt Richtung Tatzelwurm: Massiver Bitumeneinsatz auf dem schönsten Teil der Strecke soll uns Biker bewusst vergraulen. Mein Tipp: Mit ruhiger Gashand durch diese nahezu ganzjährig befahrbare, wunderschöne Landschaft schwingen, denn rechts und links gibt es viel zu entdecken. Zum Beispiel den Abstecher zum »Oberen Sudelfeld« mit grandiosem Blick auf Mangfall- und Kaisergebirge und einer bewirtschafteten Gipfelhütte inklusive unvergleichlichem Sonnenuntergang.

Geschlagene vier Stunden dauerte anderntags die porentiefe Reinigung dieser winterlichen Spontantour. Nochmals drei Tage, bis ich die restlichen Erstinspektionskilometer nun doch auf Münchens schrecklich langweiligem Mittlerem Ring abgespult hatte. Erst dann meldete ich mich offiziell zurück bei meinem Bikerfreund, der sich vor Sorge um seinen Streetfighter bereits im Gips verbissen hatte. Ach ja, gestatten Sie mir eine kleine Bemerkung noch: Oliver, falls du dies hier lesen solltest – ich finde, unsere jahrzehntelange Bikerfreundschaft verkraftet doch locker auch die ganze Wahrheit. Oder nicht ...?!

Vorrat für einen besonders langen Winter: Bauernhaus mit Maiskolben am Achensee

ALLGEMEINES

Das Tourengebiet von Mangfallgebirge, Tuxer und Kitzbüheler Alpen liegt an der Nordseite des Alpenhauptkammes zwischen Tegernsee, Innsbruck, Zell am See und Kufstein. In Höhenlagen zwischen 1000 und 2000 Metern bieten sich hervorragende Ausblicke auf so manche Berühmtheiten der Alpen, wie die Großglockner- und Venedigergruppen und das zerklüftete Kaisergebirge. Zur Sommerferienzeit verdeutlichen die Hauptrouten durch das Ziller- und Brixental sowie um Kitzbühel die Beliebtheit dieser Region. Außerhalb der Hauptreisezeit überzieht wohlige Ruhe das Land.

KLIMA / REISEZEIT

Die Passhöhen zwischen 1000 und 2000 Metern werden von Dezember bis in den April von winterlichen Verhältnisse beeinflusst, explizite Wintersperren gibt es mit Ausnahme der Zillertaler Höhenstraße allerdings nicht. Föhnwinde lassen oftmals bereits im März den Alpenwinter vor allem im sonnenverwöhnten Zillertal freiwillig den Rückzug antreten. Von Mai bis Oktober verwöhnen zahlreiche stabile Hochdrucklagen die Region mit sprichwörtlichem Kaiserwetter.

SCHÖNSTE REISEZEIT

Gerade auch im Winter bietet das Land um Gerlos-Pass und Zillertal Gelegenheit zu einer satten Portion andersartigem Kurvenschwung. Andersartig, weil inmitten eines »Winter Wonderlands«. Das ist Biken der ungewohnten Art, doch mit gefühlvoller Gashand und Weitsicht unproblematisch.

MOTORRADFAHREN

Natürlich ist die mautpflichtige Zillertaler Höhenstraße eines der fahrerischen Highlights dieser Region. Eine Tageskarte kostet für Biker 4 Euro – eine Investition, die sich vor allem unter der Woche allemal lohnt. An Schönwetter-Wochenenden ist der Verkehr nicht unerheblich. Ein eher stiller Genuss sind neben der beschriebenen Rundfahrt auch die Sackgassen-Strecke auf das Steinberger Plateau am Achensee, der Abstecher zum imposanten Sylvenstein-Speicher mit seinem inoffiziellen Bikertreff auf der Staumauer sowie die alte und die neue, aber mautpflichtige Gerlos-Straße.

WINTER-MOTORRADFAHREN

... bedarf einiger sorgfältiger Vorbereitungen. Unbedingt sollte rechtzeitig vorher das Motoröl auf eine für Minustemperaturen sichere Viskosität umgestellt werden, mindestens auf 10W-60, vielleicht sogar auf 0W-40. Bei wassergekühlten Motoren auch den Kühlerfrostschutz prüfen. Das Reifenprofil sollte deutlich über dem Minimalwert von 1,6 Millimetern liegen, da die Gummis auf winterlichen Straßen Schwerstarbeit zu leisten haben. Der Kette eine Extraportion Schmiere zukommen lassen und Lenker-, Zündungs- und Kofferschlösser vorsorglich mit Frostspray behandeln. Heizgriffe sind unabdingbar, denn selbst die dicksten Handschuhe schützen auf Dauer nicht vor Unterkühlung. Lederkombis ohne Klimamembran sind nur bedingt zu empfehlen, besser sind Textil-Kombis mit Gore-Tex-Einlagen und wärmendem Futter. Gegen gefrorene Zehen schützen beheizbare Schuheinlegesohlen, die es mit Batteriebetrieb oder Bordnetz-Anschluss im Motorrad- und Wander- bzw. Outdoor-Zubehör zu kaufen gibt.
Problemzone Helmvisier: Zuverlässige Antibeschlag-Wirkung erzielen Pinlock-Visiere oder Antibeschlag-Folien (FogCity).

ATTRAKTIONEN

Touristische Highlights sind neben dem landschaftlich sehr schönen Zillertal natürlich der mondäne Urlaubsort Kitzbühel mit seinem gleichnamigen Hausberg. Aber auch die Krimmler Wasserfälle an der neuen Gerlos-Straße lohnen mit ihren imposanten 400 Metern Gefälle einen kurzen Abstecher. In Frühling, Sommer und Herbst geht es vor allem auch mit Wanderschuhen, Mountainbikes und dem Gleitschirm auf die Berge, im Winter ist das Gebiet prädestiniert für den weißen Sport.

ESSEN + TRINKEN

Die Küche ist kulinarisch deftig, satt wird hier garantiert ein jeder. Oftmals bieten die Biergärten und Gasthöfe auch Fremdenzimmer an – Augen offen halten!

ÜBERNACHTEN

Das Angebot an Gästezimmern ist riesig, die Preise liegen je nach Ausstattung und Saison zwischen 25 und 70 Euro für ein Doppelzimmer. Gemütlich übernachten kann man
• in Neunkirchen im **Familienhotel Brugger**, eine Minute vom malerischen Ortszentrum entfernt. »Biker willkommen«, heißt es dort ganzjährig. Marktstr. 163, 5741 Neukirchen am Großvenediger, Tel. 0043/65 65 62 59, E-Mail: info@hotel-brugger.com,
• in Achensee beim **Fischerwirt** am See in wundervoller Lage direkt am Ufer. Haus-Nr. 15, 6215 Achenkirch, Tel. 0043/52 46 62 58, E-Mail: office@ fischerwirt-achenkirch.com, www.fischerwirt-achenkirch.com

GELD / KREDITKARTEN

Geldautomaten gibt es in jedem Ort, meist kann direkt mit der EC-Karte bezahlt werden. Kreditkarten stoßen auf dieselbe Akzeptanz.

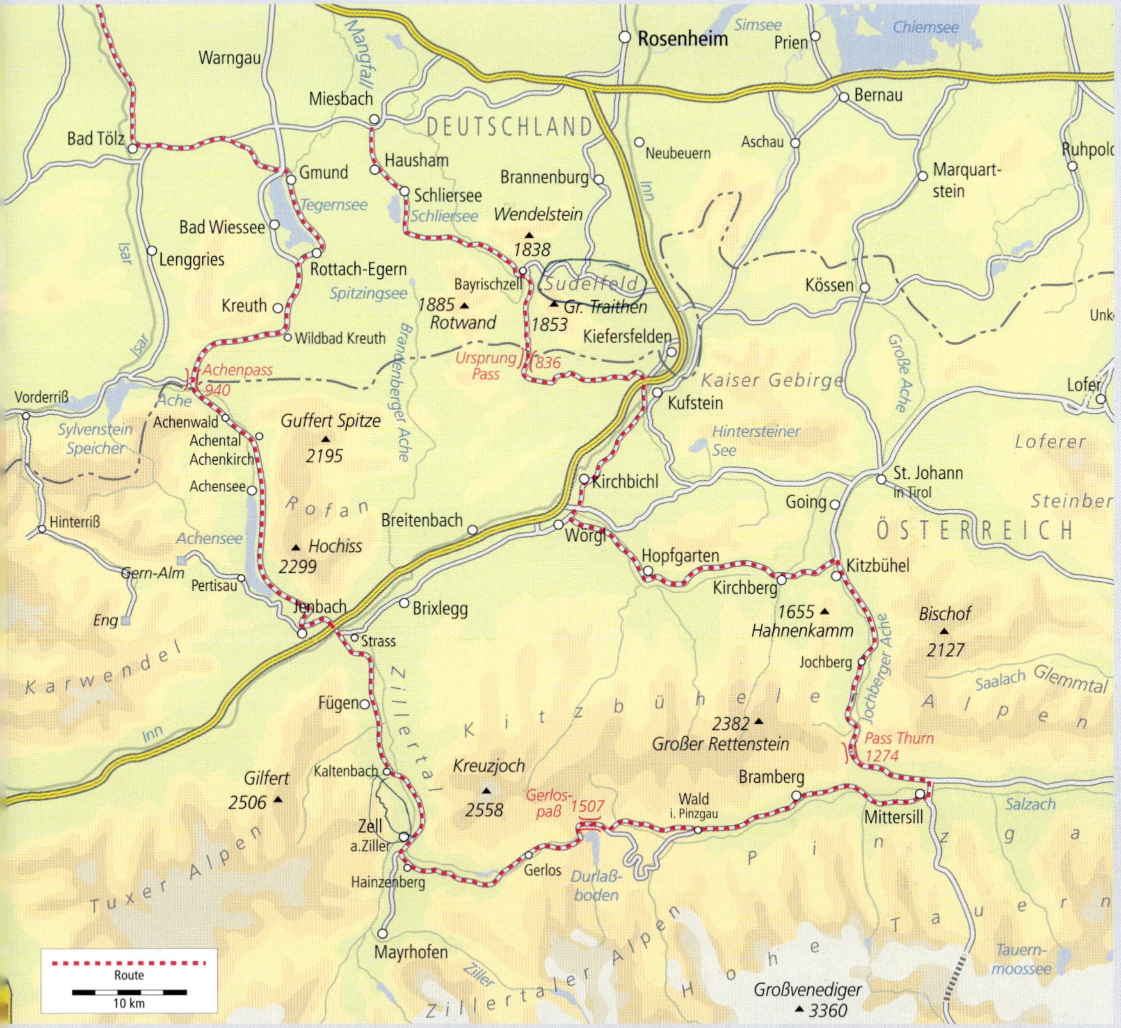

ANREISE

Über München, die A 8 Richtung Salzburg, Ausfahrt »Tegernsee«, ist der Ausgangspunkt der beschriebenen Rundtour bequem zu erreichen.

LITERATUR / LANDKARTEN

- Der Reiseführer »Tirol« des Österreichers Christoph Wagner gibt einen Einblick in Land und Leute. Mairs Geographischer Verlag.
- Als Übersichtskarte eignen sich Österreich Straßenkarte »Tirol-Vorarlberg« im Maßstab 1:200 000, Verlag Freytag + Berndt, Wien, und die ADAC Urlaubskarte »Östliches Tirol, Innsbruck, Kufstein, Pinzgau« im Maßstab 1:100 000, ADAC-Verlag München.

WICHTIGE ADRESSEN

- **Achensee Tourismus**, Rathaus, 6215 Achensee, Tel. 0043/52 46 53 00, E-Mail: info@achensee.tirol.at, www.achensee.com
- **Zillertal Tourismus GmbH**, Bundesstraße 27 d, 6262 Schlitters, Tel. 0043/528 88 71 87, E-Mail: info@zillertal.at www.zillertal.at
- **Gerlos Alpenstraße**, Tel. 0043/65 64 72 61, E-Mail: info@gerlosstrasse.at, Die Internetseite www.grossglockner.at führt auf die Seite der Betreiberin sowohl der Großglockner-Hochalpenstraße, als auch der Gerlos-Alpenstraße.

Biker sind willkommen in den Alpen – egal wie sie parken.

Pässe und Bergstraßen	Höhe	Länge	Steigung	geöffnet	Land	Maut
Albulapass	2315 m	41 km	12%	1.6.–15.11.	Schweiz	nein
Berninapass	2330 m	53 km	12%	1.1. – 31.12.	Schweiz	nein
Brennerpass	1374 m	53,5 km	12%	1.1. – 31.12.	Österreich/Italien	nein
Falzáregopass	2117 m	27,5 km	11%	1.1. – 31.12.	Italien	nein
Fedáiapass	2057 m	29 km	15%	1.1. – 31.12.	Italien	nein
Fernpass	1210 m	20,5 km	8%	1.1. – 31.12.	Österreich	nein
Filzensattel	1290 m	40 km	15%	1.1. – 31.12.	Österreich	nein
Flüelapass	2383 m	26,5 km	10%	1.5. – 1.12.	Schweiz	nein
Furkapass	2436 m	40 km	11%	1.6. – 1.11.	Schweiz	nein
Galibierpass	2646 m	27,5 km	15%	15.6. – 31.10.	Frankreich	nein
Gerlospass	1628 m	47 km	12%	1.1. – 31.12.	Österreich	ja
Giaupass	2236 m	21 km	14%	1.5. – 30.11.	Italien	nein
Grimselpass	2165 m	34 km	11%	1.6. – 1.11.	Schweiz	nein
Grödner Joch	2137 m	42 km	14%	1.1. – 31.12.	Italien	nein
Großer St.-Bernhard-Pass	2473 m	75 km	11%	15.6. – 1.11.	Schweiz/Italien	ja
Großglockner Hochalpenstraße	2505 m	49,5 km	12%	1.5. – 1.11.	Österreich	ja
Izoardpass	2360 m	53,5 km	12%	1.6. – 15.10.	Frankreich	nein
Jaufenpass	2094 m	40 km	12%	1.1. – 31.12.	Italien	nein
Jaunpass	1509 m	33,5 km	14%	1.1. – 31.12.	Schweiz	nein
Karerpass	1752 m	36,5 km	16%	1.1. – 31.12.	Italien	nein
Kleiner St.-Bernhard-Pass	2188 m	51 km	9%	1.6. – 31.10.	Italien/Frankreich	nein
Malojapass	1815 m	44 km	11%	1.1. – 31.12.	Schweiz/Italien	nein
Ofenpass	2149 m	36 km	10%	1.1. – 31.12.	Schweiz	nein
Pordoijoch	2239 m	42,5 km	8%	1.1. – 31.12.	Italien	nein
Restefond- / Bonettepass	2678 m	51 km	12%	1.6. – 15.10.	Frankreich	nein
Roßfeld-Höhenringstraße	1540 m	21 km	13%	1.1. – 31.12.	Deutschland	ja
Sellajoch	2240 m	15 km	11%	1.1. – 31.12.	Italien	nein
Iseranpass	2770 m	79,5 km	12%	30.6. – 30.10.	Frankreich	nein
St.-Gotthard-Pass	2091 m	48 km	10%	15.5. – 15.11.	Schweiz	nein
Stilfser Joch	2757 m	50 km	12%	1.6. – 31.10.	Italien	nein
Télégraphepass	1566 m	17,5 km	10%	1.1. – 31.12.	Frankreich	nein
Timmelsjoch	2509 m	25 km	13%	15.6. – 15.10.	Österreich/Italien	ja
Tre-Croci-Pass	1809 m	12,5 km	12%	1.1. – 31.12.	Italien	nein
Valparolapass	2192 m	16 km	10%	1.1. – 31.12.	Italien	nein
Zillertaler Höhenstraße	2020 m	40 km	20%	1.6. – 31.10.	Österreich	ja

IMPRESSUM

Bildnachweis:
Alle Fotos auf dem Umschlag
und im Innenteil von Heinz E. Studt

Produktmanagerin:
Simone Calcagnotto
Lektorat: Martin Distler
Layout und Satz:
Ruth Kammermeier, München
Umschlaggestaltung:
Heinz Kraxenberger unter Verwendung eines Fotos von Heinz E. Studt
Kartografie: Anneli Nau
Repro: Scanner Service S.r.l.
Herstellung: Thomas Fischer
Printed in Italy by Printer Trento S.r.l.

Alle Angaben in diesem Werk hat der Autor sorgfältig recherchiert und auf den aktuellen Stand gebracht. Sie wurden vom Verlag geprüft. Für die Richtigkeit der Angaben kann jedoch keine Haftung übernommen werden. Für Hinweise und Anregungen sind wir jederzeit dankbar. Bitte richten Sie diese an:

Bruckmann Verlag
Lektorat
Innsbrucker Ring 15
81673 München
E-Mail: lektorat@bruckmann.de

Die Deutsche Bibliothek –
CIP-Einheitsaufnahme
Ein Titeldatensatz für diese Publikation ist bei der Deutschen Bibliothek erhältlich.

Neu bearbeitete Ausgabe
2007 © 2004 Bruckmann Verlag GmbH, München
ISBN 978-3-7654-4618-4